Des âmes et des saisons

BORIS CYRULNIK

Des âmes et des saisons

Psycho-écologie

© Odile Jacob, janvier 2021
15, rue Soufflot, 75005 Paris

www.odilejacob.fr

ISBN 978-2-7381-5411-8

Le Code de la propriété intellectuelle n'autorisant, aux termes de l'article L. 122-5, 2° et 3°a, d'une part, que les « copies ou reproductions strictement réservées à l'usage privé du copiste et non destinées à une utilisation collective » et, d'autre part, que les analyses et les courtes citations dans un but d'exemple et d'illustration, « toute représentation ou reproduction intégrale ou partielle faite sans le consentement de l'auteur ou de ses ayants droit ou ayants cause est illicite » (art. L. 122-4). Cette représentation ou reproduction, par quelque procédé que ce soit, constituerait donc une contrefaçon sanctionnée par les articles L. 335-2 et suivants du Code de la propriété intellectuelle.

Il était né sur les pentes de l'Everest où le serpent Nâga l'avait instruit aux sciences de l'âme. En haut du haut sur la montagne, il a promulgué des lois de fer. Mais dans le pays d'en bas, le relâchement était total.

Spyod-Po a dit : « J'ai dans cette plaine tout ce dont j'ai besoin […] l'eau des prairies a pris la couleur de l'or […] les oiseaux n'ont plus de nid et les hommes de maison […] j'ai la *siddhi*, ce pouvoir parfait que donnent la maîtrise du corps et de la nature […] que le cerf donc emporte les paroles de mon serment. »

Ayant ainsi parlé, Spyod-Po se mit à gravir les flancs de la montagne pour retrouver les lois de fer[1].

---

1. Chapô inspiré par Féray Y., *Contes d'une grand-mère tibétaine*, Arles, Picquier, 2018, p. 9-13.

Quand le bonheur des perroquets s'oppose au bonheur de triompher du malheur

Ce conte tibétain est aujourd'hui confirmé par l'écologie scientifique. L'homme s'adapte à la rudesse des hauts sommets, aux pentes escarpées, à la glace des nuits en acceptant des rituels implacables, ce qui le rend heureux. Quand il redescend dans la vallée, il retrouve la douceur de vivre, la tiédeur des nuits et le relâchement des mœurs, ce qui le rend heureux.

C'est un médecin zoologue, Ernst Haeckel, très favorable à l'idée d'évolution qui a proposé le mot « écologie » pour désigner comment un organisme s'adapte à son habitat.

Cette idée est née en 1866, dans un contexte culturel agité par les idées de Darwin qui soutenait qu'un organisme ne cesse de se développer sous les pressions constantes d'un milieu qui ne cesse de changer. Autant dire que ceux qui ont besoin de certitudes ont été angoissés par une telle conception du monde vivant. Le fixisme est sécurisant parce qu'il donne une vision simple du monde, une clarté abusive qui offre une agréable paresse intellectuelle. Une vérité absolue, en arrêtant le plaisir de penser donne le plaisir de réciter. Le psittacisme consiste à répéter la parole des autres sans en comprendre le sens : c'est le bonheur des perroquets.

La pensée évolutionniste entraîne à raisonner en termes de systèmes et non plus de causalités linéaires : le système respiratoire est composé par l'oxygène de l'air qui franchit la paroi solide des poumons, est recueilli dans les globules rouges qui flottent dans le plasma. C'est un ensemble hétérogène qui permet la fonction respiratoire. Et les êtres humains ne cessent d'inventer des mondes artificiels de machines et de mots qui composent un habitat culturel.

Dans les plaines tropicales de l'Himalaya où poussent le riz et la canne à sucre, les Tibétains élèvent des buffles et des zébus. Les animaux vaquent à proximité des villages[1].

Dans les plaines arrosées, riches en feuillage et en fruits, les hommes construisent des abris ouverts avec des terrasses. Le soir, à la veillée, ils parlent des tigres, racontent comment des hommes courageux ont pu leur échapper et parfois les tuer. Depuis quelque temps, ils signalent que l'urbanisation, en empiétant sur les territoires des animaux, les a rendus plus agressifs.

Quand la mousson arrive, les hommes montent sur les versants de l'Himalaya et s'adaptent au climat

---

1. Dobremez J.-F., « Variétés de complémentarités des milieux de montagne : un exemple en Himalaya », *Revue de géographie alpine*, 1989, 77 (1-3), p. 39-56.

subtropical vers 1 500-1 700 mètres. Ils construisent des maisons tibéto-birmanes regroupées en hameaux au milieu de champs de maïs et de millet. C'est déjà la montagne. Pour nourrir les buffles et les vaches qui ne peuvent pas dépasser 2 000 mètres, ils construisent des étables pour engranger des réserves et tracent des chemins vers les zones où persiste le feuillage. Un ordre social apparaît, plus rigoureux que dans les plaines, permettant d'adapter la technique des hommes aux besoins des animaux.

Certains habitants des villages népalais poursuivent leur marche vers les grands sommets. Ils sont accompagnés par les yaks, les chèvres et les moutons qui supportent le climat sec et la végétation éparse. La surveillance des animaux, la technologie des habitats et les rituels humains deviennent contraignants. Le soir, à la veillée, on parle désormais de la demeure des dieux, qu'on a aperçue dans la brume, du glissement furtif des fantômes, et de l'apparition soudaine d'une panthère des neiges. Les nouveaux récits donnent une forme angoissée et merveilleuse au monde des forces invisibles qui habitent les hauts sommets.

Entre 4 000 et 7 000 mètres, l'altitude devient très contraignante. Quand l'air et l'oxygène se raréfient, la vitalité diminue : moins de plantes, moins d'animaux, le pas se fait plus lent, la respiration accélère et les petits en haute altitude ralentissent leur croissance[1].

La haute montagne fragmente les populations. Les villages étendus des vallées tropicales deviennent des hameaux tibétains. Avec l'altitude apparaissent des maisonnettes et, sur le haut du haut, la technologie des tentes modernes permet de ne pas mourir de froid.

La culture, elle aussi, varie selon les niveaux. Les vêtements, bien sûr, mais aussi les rituels de rencontre et les mots de politesse s'adaptent aux températures. Quand on se croise en montagne, on dit : « Que Dieu vous bénisse », mais quand on passe près de la même personne dans une grande ville, on fait comme si elle était transparente. Les cérémonies religieuses, tolérantes et dissipées dans les plaines, deviennent rigoureuses avec l'altitude. Le calendrier communautaire, la répartition du travail, la construction des abris, la conduite des troupeaux, la fumure des champs évoluent différemment d'un groupe à l'autre[2].

Quand le contexte écologique suscite des événements différents, on n'a pas les mêmes choses à raconter. L'éthos, la hiérarchie des valeurs morales qui caractérise une culture, dépend, plus qu'on le croit, de la structure du milieu.

---

1. Turek Z. *et al.*, « Oxygen transport in guinea pigs native to high altitude (Junin, Peru, 4 105 m) », *Pflüg Arch.*, 1980, 384, p. 109-115.
2. Dobremez J.-F., « Transhumance des animaux d'élevage du Népal. Un aspect des relations homme-animal », in *L'Homme et l'Animal. Premier colloque ethnozoologie*, Institut international d'ethnoscience, 1975, p. 31-36.

Dans les plaines tropicales où la vie est facile, l'éthos privilégie la libido, le plaisir des petites jouissances. Dans les grandes étendues urbaines, il faut organiser des lieux de rencontre si l'on veut parler, jouer, assister à un combat de coqs ou tenter une aventure sexuelle. Alors que l'éthos des hauts sommets met en valeur le courage physique, la rigueur des rituels de rencontre, l'ingéniosité des constructions, la générosité de ceux qui partagent leurs biens et respectent les codes sexuels.

Le bonheur des vallées n'a pas la même connotation affective que le bonheur des sommets. En haut du haut, l'estime de soi est renforcée par la fierté d'avoir surmonté les épreuves du froid et de la surveillance des troupeaux.

La pente naturelle nous fait plutôt glisser vers le bonheur des vallées où l'eau coule à flots, où les nuits sont douces et où les fruits poussent à portée de la main. Ce bonheur bébête est agréable comme une immanence qui habite à l'intérieur des êtres et des choses. Il suffit de boire un peu d'eau fraîche et de manger une goyave pour ressentir un moment de bonheur immédiat. Alors que le bonheur du haut des hauts implique une transcendance qui monte et nous élève au-delà du froid, des précipices et de la proximité de la mort. Quand le bonheur bébête alourdit notre corps et engourdit notre âme, nous aspirons à l'événement qui réveille la vie. On est malheureux et on se suicide beaucoup dans les paradis terrestres[1]. Ceux qui prennent le chemin des sommets aiment les épreuves où ils côtoient la misère, le désespoir et la mort, ils éprouvent le bonheur de triompher du malheur. Quand le bonheur difficile les a épuisés, quand, à force de transcendance, la montée vers les cieux a provoqué l'angoisse du vide, ils aspirent à se laisser glisser vers les vallées tropicales.

Le bonheur des vallées n'existe qu'en s'associant avec celui des sommets. L'un sans l'autre n'est que malheur. Quand le bonheur facile nous mène à la nausée, nous aspirons à la pureté des bonheurs difficiles. Mais, dès que le bonheur de triompher du malheur nous mène à l'épuisement physique et à l'usure de l'âme, nous éprouvons soudain le plaisir de régresser. Alors, entre deux malheurs, nous connaissons le bonheur.

Matière du corps ou éther de l'âme ?

Il est difficile de penser que deux sentiments opposés peuvent s'harmoniser comme un couple qui danse en accordant ses mouvements. Le dualisme produit des frères ennemis où l'on nous demande de choisir son camp : la matière du corps ou l'éther de l'âme. Chaque

---

1. Charles-Nicolas A., *Les 1 000 premiers jours en Martinique*, rapport, avril 2020.

entité aide à prendre conscience de l'autre. Dans un univers où tout serait bleu, le concept de bleu ne pourrait pas être pensé. Pour qu'il vienne en conscience, il faut qu'il y ait une autre couleur que le bleu. Dans un monde où il n'y aurait que du bonheur, c'est le sentiment d'être gavé qui viendrait en conscience et non pas celui de bonheur. Dans un monde où tout serait malheur, le psychisme s'éteindrait avant que mort s'ensuive.

La pensée dualiste crée un piège de l'évidence : « J'ai bien vu que ton corps était là, dormant profondément, et pourtant, à ton réveil, tu nous as raconté un étrange voyage dans un monde invisible où ton âme a connu des événements insensés[1]. » Le corps d'un côté, l'âme de l'autre ordonnent le monde comme une opposition binaire : tout ce qui n'est pas grand est petit, tout ce qui n'est pas homme est femme, tout ce qui n'est pas corps est esprit. Deux entités séparées se font la guerre. L'une est composée de matière étendue et mesurable et l'autre, sans substance, n'est ni observable ni mesurable[2]. Cette méthode n'est pas pertinente pour l'étude de l'âme qui, n'ayant pas de substance ne peut se diviser pour être analysée[3].

Une telle attitude épistémologique, une telle méthode d'extraction des connaissances, convient

---

1. François Lupu cité *in* Lemoine P., *Vingt mille lieux sous les rêves*, Paris, Robert Laffont, 2018.
2. Descartes R., *Discours de la méthode*, Paris, Hachette, 1997.
3. Dortier J.-F., *De Socrate à Foucault. Les philosophes au banc d'essai*, Sciences humaines, 2018.

aux sciences dures où la fragmentation du savoir, la manipulation expérimentale et la synthèse explicative fabriquent des faits scientifiques et des causalités linéaires qui justifient le succès des méthodes scientifiques.

Mais comment expliquer qu'un mot, une représentation sans substance, puisse agir sur la matière ? Une insulte nous fait rougir en dilatant nos vaisseaux, une mauvaise nouvelle nous fait pâlir et tomber en syncope, une posture symbolique comme se mettre à genoux pour prier peut nous faire ressentir une dimension métaphysique, et la perception d'une croix gammée peut déclencher une angoisse en réveillant le souvenir d'une période tragique. Descartes se dépatouille en imaginant que la glande pinéale permet aux passions de l'âme d'agir plus que le corps[1].

En cas d'appauvrissement en stimulations affectives, la réduction du volume de l'hippocampe est facile à photographier, ainsi que la moindre connectivité du cortex préfrontal ventro-médian et du striatum ventral[2]. La structure écologique du milieu peut donc impacter la construction du cerveau. C'est ainsi qu'une infection virale en début de grossesse, un stress maternel excessif et durable, et la niche sensorielle des premiers mois tracent sur le terreau du cerveau une

---

1. Descartes R., *Les Passions de l'âme*, Paris, Vrin, 1997.
2. William H. J., Craddock N., Russo G. *et al.*, « Most genome-wide significant susceptibility loci for schizophrenia and bipolar disorder reported to date cross-traditional diagnostic boundaries », *Human Mol. Genet.*, 2011, 20 (2), p. 387-391.

tendance variable à la névrose ou à la schizophrénie[1]. Les difficultés relationnelles, l'adversité éducative, les catastrophes sociales et l'appauvrissement culturel ont le même effet puisque les substances toxiques sécrétées lors des épreuves de l'existence franchissent l'équivalent moderne de la glande pinéale, qu'on appelle aujourd'hui « barrière méningée ».

La nouvelle épiphyse philoneurologique

« Je suis une chose qui pense [...] j'ai une idée distincte du corps, en tant qu'il est seulement une chose étendue, et qui ne pense point[2]. » Cette méditation métaphysique de Descartes me rappelle l'explication d'un Papouasien qui voulait démontrer l'existence d'un troisième monde. Le premier monde est celui de l'éveil, disait-il, celui de la chasse et des rapports sociaux. Quand tu t'endors, tu vas dans le deuxième monde du sommeil. Mais quand tu te réveilles, tu nous racontes que, pendant que ton corps dormait profondément, ton âme voyageait dans un troisième monde. Les éveillés ne peuvent pas le voir, alors que

---

[1]. Müller N., « Immunological aspects of the treatment of depression and schizophrenia », *Dialogues in Clinical Neuroscience*, 2017, 19 (1), p. 55-63.
[2]. Descartes R., *Méditations métaphysiques*, Le Livre de Poche, 1990.

les dormeurs le vivent intensément, au point que le rêveur réveille ses camarades pour leur raconter l'étonnant voyage qu'il a fait pendant que son corps gisait par terre. Si bien que pendant la journée on peut voir des Papouasiens somnoler un peu partout, essayant de récupérer la fatigue des voyages nocturnes[1].

À Thèbes, il fallait dormir dans une chambre du temple de façon à raconter à l'oracle le rêve de la nuit. De nos jours, ceux qui vont en psychanalyse tentent de se remémorer leurs rêves afin de les élaborer en séance.

Aujourd'hui on sait que l'épiphyse, cet « organe non conjugué », est une glande endocrine enfouie entre les deux hémisphères. Elle sécrète une hormone, la mélatonine, qui aide à réguler l'alternance de la veille et du sommeil. Elle ne sert pas à unifier une chose qui pense avec une autre qui ne pense pas, elle fonctionne comme un trait d'union entre les rythmes cosmiques du jour et de la nuit, entre les flux de la veille et du sommeil, comme si le corps n'était qu'un segment de l'univers. En ce sens, Descartes avait pressenti qu'une entité sans substance peut agir sur la substance du corps. Cette lecture de Descartes est étayée par les neurosciences[2], alors que l'interprétation qui lui fait dire que l'âme

---

1. François Lupu, séminaire « Résilience et personnes âgées », Lourmarin, mars 2015. Et « La question du sommeil », *in* B. Cyrulnik (dir.), *Le sommeil... m'enfin*, Savigny-sur-Orge, Philippe Duval, « Sciences Psy », 2016, p. 133.
2. Ansermet F., Magistrati P., « Freud au crible des neurosciences », *Les Dossier de la Recherche*, février 2008, n° 30, p. 84-86.

n'a rien à voir avec le corps est disqualifiée[1]. Le corps n'est pas que mécanique mathématisable, l'esprit n'est pas qu'éther insaisissable. Je peux provoquer une émotion en chaque lecteur en lui injectant des substances : une amphétamine va le rendre agréablement agressif, la réserpine qu'on donnait pour faire baisser les accès d'hypertension déclenchait des accès de mélancolie surprenants. L'interféron nécessaire pour soigner certains cancers occasionne souvent des dépressions sans objet : rien n'a changé dans l'existence de celui qui avale ce cachet et, soudain, sans savoir pourquoi, il est désespéré.

L'autre versant de ce trait d'union, c'est le sentiment. L'émotion, cette fois-ci, est déclenchée par une représentation verbale qui, elle aussi, agit sur le corps. Une insulte serre votre gorge et vos vaisseaux, vous rend pâle de colère et accélère votre cœur, jusqu'à la syncope parfois. Une mauvaise nouvelle augmente la sécrétion de vos hormones de stress (cortisol, catécholamines). Un récit peut vous bouleverser jusqu'aux larmes, provoquer votre haine ou vous euphoriser en inondant votre organisme d'endomorphines naturelles.

La plaque tournante entre l'émotion, provoquée par une substance, et le sentiment inspiré par une représentation abstraite est aujourd'hui dosée dans les astrocytes et les cellules endothéliales de la barrière

---

1. Green A., « Un psychanalyste face aux neurosciences », *La Recherche*, octobre 1992, p. 1168.

hémato-méningée[1]. Lorsque ces substances euphorisantes ou angoissantes franchissent cette enveloppe du cerveau, elles modifient la circulation des nappes de neuromédiateurs, ce qui entraîne la stimulation de zones cérébrales différentes. Quand vous mettez dans l'âme d'un ami un mot qui l'euphorise ou le désespère, l'émotion que vous venez de provoquer grâce à une représentation verbale augmente la sécrétion des substances d'alerte ou de plaisir. Ces molécules baignent les cellules des méninges qui enveloppent le cerveau et modifient leur perméabilité. Ces éléments matériels entrent dans le cerveau et stimulent certaines zones. Quand votre mot a euphorisé votre ami (Je t'aime... Je te donne un chèque énorme), il sécrète des endorphines qui flottent vers le noyau accumbens, comme on peut le filmer en neuro-imagerie. Or la moindre stimulation de cette zone déclenche une sensation de plaisir. Si, au contraire, votre mot a angoissé votre ami (Je te déteste... Tu me dois 100 000 euros), son organisme augmente la sécrétion de catécholamines, qui accélère son cœur et stimule son amygdale rhinencéphalique, zone neurologique des émotions insupportables d'angoisse ou de colère. Une représentation verbale de celui qui parle peut modifier le fonctionnement cérébral de celui qui écoute[2].

---

1. Thibaut F., « Neuroinflammation : New vistas for neuropsychiatric research », *Dialogues in Clinical Neuroscience*, 2017, 19 (1), p. 3-4
2. Daniel J., Siegel M. D., Payne Brysson T., *The Whole-Brain Child*, New York, Delacorte Press, 2011, p. 27-33.

Si vous êtes isolé, le même processus s'effectue avec vos propres représentations : « Je n'y arriverai jamais... On m'abandonne toujours. » Ces mots composent un récit qui renforce votre désespoir. Les substances du stress franchissent votre barrière méningée et stimulent votre amygdale. Votre corps exprime alors une émotion d'abattement ou de colère. Vos sourcils froncés, votre tête baissée, vos réactions renfrognées n'invitent pas à la relation. En renforçant la solitude qui vous désespère, votre organisme s'imprègne de substances toxiques, l'isolement affectif et la misère verbale orientent vers la dépression et les troubles organiques[1].

Si vous acceptez l'idée que la glande pinéale s'appelle aujourd'hui « barrière hémato-méningée », vous confirmerez l'idée que l'âme s'amarre à l'épiphyse, mais, alors, il faudra modifier le stéréotype du dualisme : le corps matériel n'est pas coupé de l'âme immatérielle. Ces deux entités fonctionnent ensemble, chacune agissant sur l'autre. Il en résulte un goût du monde, amer ou sucré selon la manière dont votre cerveau a été sculpté par votre environnement. Quand votre organisme s'est développé dans un milieu pauvre en affectivité et en mots sécurisants, quand votre niche sensorielle a été bombardée par des agressions physiques, des mots blessants et des échecs relationnels,

---

1. D'Acquisto F., « Affective immunology : Where emotions and the immune response converge », *Dialogues in Clinical Neuroscience*, 2017, 19 (1), p. 9-16.

votre cerveau aura été « circuité » pour orienter les stimulations quotidiennes vers l'amygdale, socle neurologique des émotions d'angoisse et de fureur. En vous développant dans un tel milieu vous avez acquis une aptitude à souffrir, à éprouver l'existence avec amertume, à voir un monde désespérant.

Mais si, à l'époque où votre cerveau était capable d'une plasticité stupéfiante, vous vous êtes développé dans un milieu sécurisant, amusant et fortifiant, votre cerveau a acquis une aptitude à orienter les informations vers le noyau accumbens, socle neuronal des émotions agréables qui vous fait ressentir un monde gratifiant.

Ce qui revient à dire que, selon l'organisation de son milieu précoce, un cerveau sain peut acquérir une tendance à éprouver le bonheur des petites choses, ou au contraire à ressentir l'existence avec dégoût. Un bon départ dans la vie ne garantit pas la victoire pour toujours, mais un organisme ainsi façonné résistera mieux aux inévitables agressions de l'existence. Un mauvais départ attribue facilement aux événements une connotation douloureuse, mais ce n'est pas perdu pour toujours, car « le cerveau se transforme sans cesse selon les apprentissages et les expériences de la vie[1] ». La fabrication des neurones est plus lente avec l'âge, mais

---

1. Mansuy I., « La question de l'inné et de l'acquis », colloque ASAPP, ministère de la Solidarité et de la Santé, 10 mars 2020. Et Mansuy I. M., Gurret J.-M., Lelief-Delcort A. (dir.), *Reprenez le contrôle de vos gènes*, Paris, Larousse, 2019.

les synapses qui établissent des connexions assurent la fluidité des informations tant que dure la vie. La réparation résiliente est plus facile lors des petites années, mais elle reste longtemps possible.

Les trois niches psycho-écologiques

L'âme n'est donc pas constituée d'entités éthérées. Les sociologues évaluent l'impact d'un milieu social, et les linguistes expliquent comment un récit transmet un affect. Ces pressions d'origines différentes constituent une niche sensorielle qui stimule ou éteint certaines zones cérébrales, entraîne la sécrétion de substances alarmantes ou euphorisantes qui modifient la perméabilité de l'enveloppe méningée.

Une telle manière de recueillir les informations intègre une cascade de causes hétérogènes qui convergent pour conjuguer l'âme et le corps : habitat climatique, ambiance affective, structure sociale, entourage verbal et récits culturels. C'est là que se bâtit la niche où vont se développer les enfants. Autant dire que l'on ne peut pas tout savoir, et que nous devons nous engager dans une équipe pluridisciplinaire pour étudier l'approche psycho-écologique[1].

---

1. Bronfenbrenner U., *The Ecology of Human Development. Experiments by Nature and Design*, Londres, Harvard University Press, 1979.

C'est ainsi qu'autour d'un être vivant, lors de son développement, on peut décrire des enveloppes écologiques qui entourent l'organisme comme les pelures d'un oignon.
• *Le microsystème* : c'est l'environnement proche et immédiat d'une cellule qui perçoit des informations chimiques (eau, hormones) et physiques (chaleur, toucher).
• *Le mésosystème* : l'organisme, en se développant, accède à des informations qui s'éloignent, comme le corps de la mère, le foyer qui s'élargit et l'entourage (petits camarades de crèche, voisinage).
• *L'exosystème* : les informations proviennent des normes éducatives, de l'école, du quartier et surtout des récits qui donnent forme aux représentations sociales et culturelles.

Une constellation de déterminants, d'abord physico-chimiques, puis sensoriels, puis verbaux et narratifs, aboutit à des représentations impossibles à percevoir telles que la mort, Dieu ou l'infini. C'est « un ensemble de ressources, de possibilités d'action... que l'individu est libre de saisir ou non[1] ».

L'homme n'est pas séparable de son environnement dont son corps est un carrefour. Son âme, elle aussi, est à la croisée des contraintes. Pour échapper à

---

1. Moser G., *Psychologie environnementale. Les relations homme-environnement*, Bruxelles, De Boeck, 2009, p. 53.

la mort, l'homme doit découvrir les forces mystérieuses qui agissent sur lui. Pour ne pas être soumis, ballotté par les événements et les pressions du milieu, il doit dominer la nature.

Il y a 2,5 millions d'années, un immense changement climatique a bouleversé la vie, sur la planète Terre[1]. Les courants chauds du Gulf Stream se sont refroidis, ce qui a étendu la calotte polaire. En un éclair de temps de quelques centaines milliers d'années, la glaciation du Nord a fait cesser les pluies, provoquant ainsi la sécheresse africaine. Les graminées qui ont moins besoin d'eau se sont répandues, et seuls les animaux capables de broyer ces herbes dures ont pu survivre. Cette nouvelle manière de vivre a provoqué l'apparition de phénomènes inattendus. Ces animaux sont devenus énormes. Les éléphants, les girafes et les rhinocéros passent l'essentiel de leur temps à mâcher des feuillages. La faible valeur nutritive de la verdure nécessite d'en avaler de grandes quantités. « La taille des animaux est inversement proportionnelle à la qualité nutritive des aliments ingérés[2]. » Ce qui revient à dire que les mammifères grandissent quand ils mangent des aliments peu nourrissants, alors qu'ils grossissent quand la pitance est riche.

Les chimpanzés et les gorilles du Gabon mangent des fruits copieux en glucides. Cet apport alimentaire

---

1. Picq P., « À la recherche des premiers hommes », in Y. Coppens, P. Picq (dir.), *Aux origines de l'humanité*, Paris, Fayard, 2001, p. 263-299.
2. *Ibid.*, p. 289.

entretient une glycémie constante qui accumule assez d'énergie pour éviter de manger entre deux repas. Curieusement, ayant moins besoin de molaires pour mâcher, ils développent des incisives qui découpent les fruits et parfois la viande. Il leur arrive d'attraper des petits mammifères, de les tuer, de les démembrer et de les manger encore chauds. Ces modes de nourriture entraînent des stratégies d'existence différentes. Les broyeurs broutent côte à côte, alors que les carnivores dégagent assez de temps libre pour faire la sieste, jouer et inventer des outils. Les pierres rondes servent à casser les noix, les bâtons forent des trous dans le sol pour cacher les aliments ou pour faire des armes avec lesquelles les singes attaquent les léopards, leurs ennemis héréditaires.

Donner la mort pour ne pas mourir

Donner la mort pour survivre et faire de la culture : on voit poindre la condition humaine. Les hominidés, il y a 3 millions d'années, ont inventé les outils de pierre taillée, les bâtons offensifs et les rituels de partage du gibier. On a trouvé près du lac Turkana, au Kenya, des ateliers où ils fabriquaient des pointes pour pêcher et des silex tranchants pour découper la chair. Il suffisait de stocker des cailloux tranchants, et de les distribuer dans le groupe, pour que les enfants apprennent à vivre dans un Éden géographique, entourés d'adultes protecteurs qui leur montraient les techniques de découpage et les rituels de partage[1].

Quand la saison était pluvieuse, les premiers hommes mangeaient des fruits, des tubercules et mâchaient des herbes tendres. Et quand le climat devenait sec, les herbivores affamés devenaient vulnérables. Ils s'approchaient des points d'eau où ils étaient faciles à tuer. Tous les membres du clan organisaient la traque et s'associaient pour porter les coups.

Quand l'environnement était clément, il suffisait de manger des fruits et de brouter côte à côte, mais quand le climat rendait la vie difficile, la violence devenait une valeur adaptative : c'est en donnant la mort et en mangeant des cadavres que l'espèce humaine a pu survivre, initier son développement technique et organiser ses relations de groupe. « La chasse serait donc à l'origine de l'organisation sociale et familiale[2]. » Pour que ces hommes et femmes qui mesuraient 1,60 mètre parviennent à tuer des antilopes et des mammouths, il a fallu que leurs capacités cognitives soient plus importantes que leur force physique. Ils ont tué avec leur intelligence bien plus qu'avec leurs muscles. Ils ont

---
1. Walker A., Leakey R., *The Nariokotome Homo Erectus Skeleton*, Harvard University Press, 1993.
2. Patou-Mathis M., *Mangeurs de viande. De la préhistoire à nos jours*, Paris, Perrin, « Tempus », 2017, p. 191.

fabriqué des armes, aiguisé des silex, les ont collés à l'extrémité d'un pieu, ils ont creusé des pièges et inventé des stratégies pour attirer le gibier, et le blesser avant de le tuer. Puis, ils l'ont dépecé et ont distribué les quartiers de viande afin de partager le corps de cet être vivant transformé en aliment. Les carcasses de grands herbivores pourrissent lentement dans un climat sec.

Donner la mort pour ne pas mourir a déclenché un style d'aventure humaine. Déjà Neandertal, il y a 200 000 ans, percevait l'animal à la fois comme nourriture et comme atelier. L'animal-aliment nécessitait la coordination du groupe des tueurs pour diviser le travail, répartir les attaques, utiliser les armes, accepter un chef de chasse et convenir d'un langage suffisant pour donner les consignes. Dans un monde sans chasse, les êtres humains auraient quand même découvert le langage, mais ils n'auraient pas composé les mêmes récits. Le corps du gibier tué nécessitait d'aiguiser les pierres pour les rendre tranchantes afin de découper les chairs et de donner des morceaux de viande aux membres du groupe, selon leur hiérarchie affective ou sociale.

Chez les animaux chasseurs, cette distribution ne se fait pas au hasard. Une tigresse immobilise le buffle en lui tordant le nez, une autre mange les mamelles et ouvre le ventre, et une dominante s'attaque aux bons morceaux de l'arrière-train. Les loups organisent la traque du cerf selon les qualités physiques des chasseurs : les plus rapides collent au train du gibier, tandis que les plus lourds courent latéralement. Le cerf, en faisant des contre-pieds pour échapper aux prédateurs, un zigzag à droite, un zigzag à gauche, finit par se jeter dans la gueule du loup. La meute n'est pas désordonnée quand elle mange un gibier. En alternant les rituels de menace et de soumission, les loups se répartissent autour du corps, l'accès à l'aliment encore vivant s'organise grâce à l'expression des émotions de menace ou d'évitement, de domination ou de soumission. Le groupe entier parvient à manger et les petits se faufilent pour prendre leur part.

Chez les hommes, l'animal-aliment, une fois nettoyé de sa part comestible, devient un atelier mécanique. La graisse a été stockée pour brûler dans une lampe dès que le feu a été domestiqué, il y a 500 000 ans. On a cassé les os longs pour en extraire la moelle, une sorte de dessert. La panse des ruminants a servi d'outre pour conserver l'eau. La corne des bovidés a été transformée en instrument à vent. Parfois fondue au feu, elle a servi de colle pour emmancher des pointes de silex sur de longs bâtons qui ont permis de tuer des mammouths. La peau a donné le cuir et la fourrure des vêtements que l'on cousait grâce aux os pointus où l'on enfilait des brins de ligaments. Et, bien sûr, l'art des bijoux s'est aussitôt développé. Les dents percées ont fait de beaux colliers, les poils des éléphants ont été tressés en bracelets et les oiseaux ont fourni des plumes pour embellir les coiffures. Notre aptitude à symboliser a fait parler ces objets. Les chefs, couverts de plumes et décorés de bijoux, se sont distingués du groupe des déplumés et peu décorés.

La domestication de certains animaux a déclenché la première époque industrielle. Le Néolithique, en cherchant à maîtriser la nature, a créé un nouvel ordre social et hiérarchisé un nouvel ordre moral. Pour construire les pyramides, il avait fallu atteler des centaines d'hommes qui faisaient glisser les blocs de pierre sur des troncs d'arbres posés par terre, comme une sorte de tapis roulant. Les hommes attelés tiraient des chariots pour transporter les vivres et traînaient des socs de charrue en bois pour écorcher la terre où les femmes semaient des graines. Quand on a abandonné le licol qui étranglait les chevaux pour mettre à sa place le harnachement de poitrail, on a vite compris qu'un seul cheval pouvait faire le travail de huit à dix hommes, ce qui aussitôt a relativisé l'importance de leur force physique.

La violence des hommes qui donnaient la mort et leur force musculaire qui transportait des charges ont constitué un système socialisateur. Les femmes, moins violentes et peu transgressives, faisaient du social par d'autres moyens. Elles étaient « pourvoyeuses régulières de nourritures... elles domestiquaient les plantes[1] »,

---

1. *Ibid.*, p. 213.

ce qui témoignait d'une participation essentielle à l'alimentation mais était moins spectaculaire que tuer un mammouth ou construire une pyramide. Cette socialisation sans violence permettait la survie des 30 à 50 membres du groupe, mais ne produisait pas l'intense impression d'événement que créait la chasse ou la mise à mort. Dans certaines cultures, les femmes participent à la chasse, elles rabattent le gibier, l'entravent dans des branches ou dans des filets et parfois l'assomment comme le font aujourd'hui les rabatteurs de grandes chasses.

Chez Neandertal, le dimorphisme est moins net que chez Cro-Magnon. Le dos de Madame Neandertal est musclé, ses coudes en valgus sont écartés du corps et son bassin étroit facilite la course et le lancer, ce qui explique sa participation aux chasses. Mais quand le gibier est tué « le prestige du chasseur est d'autant plus grand qu'il ne mange jamais l'animal qu'il vient d'abattre… En partageant la proie avec les membres du groupe, l'homme acquiert l'admiration et la reconnaissance[1] ». Les femmes en climat doux assurent l'esentiel de la nourriture végétale ; en climat rude, elles participent à la chasse, elles répartissent les quartiers de viande, préparent les réjouissances pour fêter l'événement, mais c'est l'homme tueur qui est encensé.

---

1. *Ibid.*, p. 216-217.

Chez les Yanomanis du Brésil, chez les Inuits du Canada, chez les Wambas d'Afrique orientale, le chasseur est admiré pour son courage, sa force et son pouvoir de donner la mort. Il est estimé car l'homme qui tue n'est pas propriétaire du gibier. Dans son éblouissante modestie, il cède la place aux femmes qui préparent les aliments. Quand la glaciation ou la sécheresse limitent les nourritures végétales, la chasse permet la survie du groupe et la protection des faibles. Quand traquer le gibier et le tuer devient un moyen de survie, la gloire des tueurs est si grande qu'elle met à l'ombre la fonction nourricière et socialisante des femmes. Quand le corps des animaux devient un atelier pour outils, aiguilles à coudre ou vêtements chauds, quand il se transforme en bijoux, le squelette prend une valeur commerciale et organise le troc avec quelques voisins. Non seulement le groupe mange, mais en plus il voyage et découvre d'autres techniques et d'autres cultures. Donner la mort pour ne pas mourir est à l'origine de l'organisation sociale et de l'accès au monde de l'artifice qui caractérise la condition humaine : artifice de l'outil qui agit sur le monde matériel et artifice du verbe qui agit sur les mondes immatériels.

Comment ne pas admirer l'homme violent qui tue pour nourrir, protéger et organiser la société ? Quand les conditions climatiques sont dures, les hommes sont mis en vedette pour leur courage, leur ingéniosité et leur violence, qui légitime les rapports de domination.

Mais quand l'environnement climatique et social redevient clément, les rapports de domination prennent la signification d'une insupportable oppression.

Les récits d'aujourd'hui donnent à voir le passé

Le sens qu'on attribue aux événements vient de la structure du contexte autant que de l'histoire. Ce qui revient à dire que le regard que l'on porte sur notre passé dépend des récits que notre culture compose. Le contexte climatique a donné à Monsieur Cro-Magnon le pouvoir de dominer grâce à sa force physique. Mais la manière dont nous regardons le passé dépend de ce que nous sommes aujourd'hui. C'est à la lumière du présent qu'on éclaire le passé. Dans nos récits individuels, quand on se sent bien, notre mémoire va intentionnellement chercher dans le passé les faits qui pourraient expliquer notre bien-être. Et, quand on se sent mal, notre mémoire va chercher d'autres faits, tout aussi réels, pour expliquer notre mal-être. Les récits sont opposés et pourtant ne sont pas des mensonges, puisqu'on a sélectionné et interprété différemment des segments de réalité.

Dans la mémoire collective, c'est à la lumière du XIXe siècle qu'on a éclairé les premières découvertes de la préhistoire. Or ce siècle a été celui du triomphe de la violence socialisatrice. La violence des révolutions, les guerres nationalistes et les expéditions coloniales sont associées à la violence de l'industrie naissante. Les conditions de travail étaient atroces, véritables tortures physiques. Au début des houillères, les mineurs travaillaient quinze heures par jour, six jours par semaine, dans des galeries étroites, par une température proche de 45 °C. Les morts et les blessures étaient fréquentes avant que les syndicats améliorent la situation en demandant des casques et des douches. Dans les années 1970, j'ai encore eu l'occasion de voir des hommes de 50 ans mourir d'asphyxie due à la silicose. Les conditions d'hygiène et d'habitat étaient si mauvaises qu'un enfant sur deux mourait dans sa première année[1]. Avant la découverte de la prophylaxie de l'accouchement[2], un très grand nombre de femmes mouraient en couches. Les enfants étaient emportés dans la diarrhée, les femmes dans le sang et les hommes dans le pus des blessures infectées et des membres fracturés au travail et lors des bagarres. Dans un tel contexte, la violence quotidienne héroïsait le plus fort[3]. On apprenait aux femmes que leurs souffrances étaient inévitables et rédemptrices et qu'il était moral d'admirer la violence

---

1. Jorland G., *Une société à soigner. Hygiène et salubrité publiques en France au XIXe siècle*, Paris, Gallimard, 2010.
2. Ignace Semmelweis, médecin hongrois (1818-1865) qui a découvert que l'asepsie des salles d'accouchement faisait disparaître les fièvres puerpérales.
3. Pinker S., *La Part d'ange en nous*, Paris, Les Arènes, 2017.

virile, comme on le voit encore aujourd'hui dans les pays en guerre.

Parmi les milliards de faits qui surviennent dans la vie de chaque jour, on ne met en lumière que ceux qui provoquent des émotions[1]. Quand on raconte un événement, on ajoute l'émotion provoquée par le récit à l'émotion provoquée lors de la survenue du fait. Raconter un événement, c'est donc le modifier, le trahir en faisant converger deux sources de mémoire : la mémoire du fait et la mémoire de ce qu'on a dit pour raconter ce fait. Les faits insidieux sculptent notre cerveau sans qu'on en ait conscience et les faits racontés socialisent les émotions qui avivent la mémoire. Une brève séparation provoque un petit désarroi, mais quand la figure d'attachement revient, le plaisir des retrouvailles s'inscrit dans la mémoire et active l'attachement. Quand le fait est banal, il n'y a pas de souvenir, mais la répétition finit par tracer des circuits dans le cerveau[2]. À force de répéter la même information d'une brève séparation frustrante accouplée avec le plaisir des retrouvailles, le cerveau met en mémoire un circuit d'activation de l'attachement. Si l'Autre n'est jamais là, aucune trace ne pourra être marquée dans les neurones. Mais si à l'inverse il est

---

1. Eustache F. (dir.), *La Mémoire, entre sciences et société*, Paris, Le Pommier, 2019.
2. Mansuy I., « Comment les expériences de la vie laissent des traces dans la descendance », communication, « La question de l'inné et de l'acquis », colloque ASAPP, Paris, ministère de la Solidarité et de la Santé, 10 mars 2020.

toujours là, l'habituation finit par engourdir l'information. Il faut donc un rythme alternant l'angoisse du manque et le bonheur des retrouvailles pour découvrir à quel point l'Autre est important. Quand je mets ma chemise, je n'en prends conscience qu'au moment où je l'enfile. Une minute plus tard, puisqu'elle est toujours là, je ne m'en rends plus compte. Mais si je raconte qu'elle m'a coûté une fortune, que sa couleur étrange a provoqué les sarcasmes de mes collègues, le fait d'en avoir parlé met en mémoire durable le récit que j'en ai fait. À la mémoire brève du fait s'ajoute la mémoire durable de la représentation verbale de ce fait. Si je ne parle pas de l'action de mettre une chemise, je n'en ferai pas un événement à mettre en souvenir, et pourtant son contact et sa chaleur laisseront une trace dans ma mémoire implicite dont je n'aurai aucun souvenir. Si ma femme se fâche parce que j'ai mis une chemise rose, alors qu'elle préférait une chemise bleue, notre dispute aura provoqué une émotion qui avive la mémoire. Quand nous en parlerons plus tard, nous dirons : « Tu te souviens du jour où nous nous sommes disputés à cause de la couleur de la chemise ? » L'émotion du conflit et sa mise en mots auront créé un souvenir. La verbalisation de l'événement aura mis en conscience ce souvenir qui structure nos récits. Mais si nous n'en avions pas parlé, le fait de mettre chaque matin une chemise aura créé une trace de mémoire non consciente qui aura circuité mon cerveau[1]. Il y a donc une mémoire individuelle tracée dans la matière cérébrale par les pressions du milieu, et il y a aussi une mémoire hyperconsciente, une histoire de soi que l'on croit intime alors qu'elle provient des mots issus de nos relations. Est-ce à dire qu'une grande partie de nos souvenirs intimes sont imprégnés en nous par les récits collectifs[2] ?

On ne peut pas prendre conscience de tout, ça nous rendrait confus. Pour voir le monde et le comprendre nous le réduisons à quelques informations mises en lumière par les récits qui nous entourent. Quand on fait le récit des guerres, qui ment ? Personne ! Et pourtant les récits sont étonnamment différents. Les Allemands parlent beaucoup du bombardement de Dresde (en février 1945), quand cette merveilleuse ville où il n'y avait que des artistes et des hôpitaux a été entièrement détruite, faisant 50 000 à 300 000 morts selon les sources. Aucune mémoire de ce crime chez les Anglais, qui n'en parlent jamais. En revanche, les Allemands parlent beaucoup de la Shoah, depuis que le couple Klarsfeld a provoqué une émotion collective en révélant que les génocidaires coulaient des jours heureux sans être inculpés. En créant des événements

---
1. Lejeune A., Delage M., *La Mémoire sans souvenir*, Paris, Odile Jacob, 2017.
2. Eustache F., « Mémoire individuelle, cognition sociale et mémoire collective », *in* F. Eustache (dir.), *La Mémoire, entre sciences et société*, Paris, Le Pommier, 2019, p. 279-301.

verbaux, ils ont mis la lumière sur des faits passés, ce qui a changé les récits collectifs. Or « il est pratiquement impossible de ressentir une émotion intense sans [chercher à] la partager[1] ». C'est à la lumière du monde des mots qu'on voit le passé et qu'on lui donne sens.

Au XIXᵉ siècle, on racontait surtout les révolutions libératrices et cruelles, les guerres conquérantes, la colonisation civilisatrice et les héros merveilleux. La violence glorifiée fabriquait des règles sociales et donnait sens aux victoires passées. Il était moral d'être violent puisque ce déchaînement collectif en menant à la victoire avait sauvé le peuple. À cette époque personne ne s'identifiait au vaincu : s'il est faible tant pis pour lui, c'est ainsi que règne l'ordre. « L'empreinte sociale détermine le caractère de la société comme celui de l'individu[2]. »

Le théâtre de la mort érotise la violence

Au XXᵉ siècle, la guerre est une valeur morale qui sauve les idées. Les hommes partent au front pour défendre une conception de la vie en société : « Nous

---
1. Pennebaker J. M., « Introduction », *in* J. W. Pennebaker, D. Paez, B. Rimé (dir.), *Collective Memory of Political Events*, New York, Psychology Press, 2008, p. IX.
2. Elias N., *La Civilisation des mœurs*, Paris, Calmann-Lévy, 1973, p. 279.

voulons glorifier la guerre, seule hygiène du monde[1]. » La force virile, le courage, l'abnégation des hommes au combat et le dévouement des femmes à la maison hiérarchisaient les valeurs et charpentaient la société. Autour d'un tel éthos s'organisaient les couples et les principes éducatifs.

Comme tout organisme vivant, la société est pulsatile. Elle alterne le désir d'explorer avec le besoin de sécurité. Elle oscille entre la haine de l'étranger et l'amour du proche. Pendant longtemps on a voulu voir dans l'agencement des tombes une disposition des objets qui révélait la valeur suprême de la virilité chez les Romains. Les hommes préparaient la guerre pour imposer la paix. Les armes disposées autour du corps du défunt racontaient l'estime que portait le groupe à cet homme qui avait dû être un guerrier redoutable. En fait, « le nombre d'armes placées dans une tombe ne dépend pas de la combativité du défunt, mais de la place qu'il occupait dans la hiérarchie sociale[2] ». Les peignes et les bijoux que l'on trouve dans les tombes de femme illustrent le haut niveau de la morte. Les objets ont une âme, les armes et les bijoux racontent comment ces morts ont mérité leur place et l'ont transmise à leurs descendants. La violence qui a mené l'ancêtre

---

1. *Manifeste futuriste* (1909), cité *in* P. Ariès, G. Duby (dir.), *Histoire de la vie privée*, Paris, Seuil, 1985, t. IV, p. 614.
2. Dumézil B., « Les barbares », *in* J. J. Courtine, G. Vigarello (dir.), *Histoire des émotions*, t. I : *De l'Antiquité aux Lumières*, Paris, Seuil, 2016, p. 97.

au pouvoir structurait la société et l'inhumation de prestige était un discours social qui donnait la parole à l'aristocratie : « Le chef voulait apparaître comme un homme de paix[1]. » Il se servait des symboles de la force pour apaiser les rapports sociaux.

La pulsion des émotions collectives est un ordre fragile. Les éruptions de fureur populaires ne sont pas prévisibles. Pendant la guerre de Trente Ans, les troupes armées en maraude entrent dans les fermes et s'emparent des nourritures et des femmes qui s'y trouvent. Jusqu'au jour où les paysans se groupent et massacrent avec une violence extrême les soudards qui n'ont pas rejoint assez vite leur régiment[2]. Parfois une petite réforme administrative comme l'augmentation du prix du papier timbré suffit à déclencher la révolte antifiscale, comme celle de 1675, en Bretagne[3]. La fureur devient obscène quand les spectateurs qui viennent d'assister à l'exécution du maréchal d'Ancre se jettent sur le cadavre, le pendent par les pieds, le transpercent, le mutilent, le châtrent et le font brûler[4].

---
1. *Ibid.*, p. 98.
2. Callot J., *La Revanche des paysans*, eau-forte, 1633, musée de Colmar, reproduite *in* J. J. Courtine, G. Vigarello (dir.), *Histoire des émotions*, t. I : *De l'Antiquité aux Lumières, op. cit.*, p. 239.
3. Chalette J.-B., *Allégorie de la révolte du papier timbré*, 1676, musée des Beaux-Arts de Rennes, reproduite *in* J. J. Courtine, G. Vigarello (dir.), *Histoire des émotions*, t. I : *De l'Antiquité aux Lumières, op. cit.*
4. Hogenber F., *Arrestation et exécution du maréchal d'Ancre*, eau-forte XVIIe siècle, Musée national du château de Pau, reproduite *in* J. J. Courtine, G. Vigarello (dir.), *Histoire des émotions*, t. I : *De l'Antiquité aux Lumières, op. cit.*

On a filmé le même déchaînement de fureur lors de la Libération en France quand un collaborateur fut pendu par les pieds. Quand il est mort d'asphyxie et que son corps est tombé à terre, une dame âgée au chignon bien élevé a frappé le cadavre à coups de canne. Ce n'est pas après avoir réfléchi que cette dame a décidé de frapper un mort. L'homme était collaborateur pour des raisons morales, il voulait épurer la société de ses parasites, les étrangers, les Juifs et les handicapés. Et la dame, tout aussi morale, s'acharnait sur la dépouille d'un homme qui avait trahi la France en collaborant avec l'occupant.

La pensée binaire est une pensée paresseuse qui s'impose à nous tant elle est logique : le jour s'oppose à la nuit, la droite à la gauche, le corps à l'esprit et le masculin au féminin. Pour penser le monde il faut le catégoriser, classer les objets selon leur forme, leur couleur ou leur poids : on ne fait pas boxer un poids lourd contre un poids léger, on ne vend pas un beau morceau de viande au même prix qu'un bas quartier. Depuis *Homo sapiens*, et peut-être même avant, le découpage du monde par la pensée permet de mieux le voir et d'agir sur lui. Dès que l'esprit catégorise ce qu'il voit, le monde devient clair et dicte les conduites.

Cette pensée binaire se connote très vite d'une signification morale : le haut est supérieur au bas, le devant est plus noble que le derrière, le dedans plus intelligent que le dehors. Le dualisme aide les enfants à penser, mais quand cette représentation fragmentante fige les certitudes (si ce n'est pas inné, c'est acquis), elle renforce les convictions qui mènent au fanatisme : « L'accouchement représente toute la féminité et le meurtre constitue [...] la virilité[1]. » Voilà, rien n'est plus clair, toute nuance devient un obstacle à la visibilité. À mort celui qui nous angoisse en semant le doute, il faut l'exclure, le mettre en prison, le déporter, le torturer, nous sommes en légitime défense !

La pensée binaire a fait triompher l'Occident en légitimant les rapports de domination : certains hommes sont plus forts que d'autres, ce qui les mène au juste pouvoir de commander aux animaux, de les atteler, de les manger, d'assujettir les esclaves, de dominer les femmes et d'exclure ceux qui ne pensent pas comme le Dominant. Certains hommes savent tout, ils sont plus intelligents que les autres, ce qui leur donne le pouvoir de gouverner et d'imposer leurs lois.

Quand nos conditions d'existence nous ont appris à voir le monde avec une lunette qui démontre que le haut domine le bas, le fort écrase le faible et l'homme utilise l'animal, nous concevons le monde en termes de domination. Alors, quand un chien mord son maître, on explique ce fait par une théorie de la soumission : le chien, animal de meute, mord pour soumettre l'homme

---

1. Ariès P., Duby G., « La violence et la mort », *in* P. Ariès, G. Duby (dir.), *Histoire de la vie privée*, Paris, Seuil, 1985, t. I, p. 467.

qui, en lui servant à manger, s'est placé lui-même à la place du dominé. Dans cette optique, pour reprendre sa place de dominant, l'homme devra battre son chien. Mais, si l'on s'entraîne à raisonner en termes systémiques, à voir le monde comme un oignon où les causes d'un fait peuvent provenir d'une pelure proche autant que d'une pelure éloignée, on expliquera la morsure du chien en constatant qu'il a été intensément isolé au cours des premières semaines après sa naissance. L'acquisition d'un facteur de vulnérabilité le rend craintif dès qu'il quitte son territoire familier. Si bien que, lorsque sa laisse s'enroule autour d'un obstacle et que vous cherchez à l'aider en le poussant avec votre main, il ressent ce geste comme une agression et, se sentant attaqué, il vous mord pour se défendre. Si vous le battez pour le punir, vous aggraverez sa sensation d'être sans cesse agressé et, à la prochaine sortie, il vous mordra encore plus[1]. Si vous pensez que vous devez demeurer le chef de meute en dominant le chien, il vous faudra le battre avec une extrême violence pour anéantir ses défenses. À l'inverse, si vous acceptez l'idée qu'un geste protecteur a pris pour votre chien la signification d'une agression, vous le caresserez pour le sécuriser et il ne vous mordra plus. Ce qui altère la relation entre le chien mordeur et l'homme frappeur,

---

1. Lisbonne S., Maynard P., « Pourquoi mon chien mord-il ? », *Var-Matin Week-End*, 15 mars 2020, p. 39.

c'est l'acquisition par le chien d'une vulnérabilité émotionnelle et la représentation de soi d'un homme qui se veut dominant. Un raisonnement linéaire nous explique qu'il faut battre son chien pour qu'il se sente dominé alors qu'une analyse écosystémique nous fait comprendre que ce trouble résulte d'une convergence de causes, émotionnelles chez le chien et représentationnelles chez l'homme.

Cette petite analyse permet de poser la question suivante : quand l'espèce humaine est en guerre contre le climat (glacé, chaud ou sec) qui fait disparaître les végétaux, en guerre contre les fauves (tigres à dents de sabre et lions des cavernes) qui nous dévorent, en guerre contre les énormes herbivores (mammouths et bisons que nous tuons pour ne pas mourir), en guerre contre les charognards (hyènes) et en guerre contre les groupes humains voisins qui cherchent à dérober nos réserves d'aliments, pourrait-on se passer de la violence ?

Certains hommes, et parfois des femmes, érotisent la violence mais, dans le même groupe, d'autres hommes et de nombreuses femmes préfèrent s'orienter vers des relations apaisantes : construire des coupe-vent, chercher des abris pour lutter contre les rigueurs du climat, cultiver des plantes, élever des animaux, bâtir des palissades pour se protéger contre les envahisseurs et entreposer les vivres. Dans un même groupe, les deux tendances existent, c'est le contexte écologique et culturel qui nous orientera vers la violence ou la coopération.

La dernière période glaciaire a eu lieu vers − 45 000 ans et s'est terminée vers − 12 000 ans. Le climat en se réchauffant a fait réapparaître la végétation feuillue. La « civilisation du renne[1] » en a été bouleversée. Cet animal, bien adapté aux grands espaces neigeux avec ses sabots plats comme des raquettes, ne pouvait pas entrer dans les forêts à cause de sa forte ramure. Les êtres humains « esquimoïdes » qui les suivaient pouvaient les chasser et parfois les atteler, mais ils étaient contraints au nomadisme pour les accompagner dans les espaces neigeux. Quand le climat s'est adouci, la fonte des neiges a fait réapparaître les pierres sur le sol, ce qui a permis aux hommes de constituer une industrie lithique. Ils ont taillé des lamelles aiguës, les ont emmanchées pour faire des sagaies et ont confectionné des pointes de flèches pour mieux pénétrer dans les corps des animaux. Ils ont aussi utilisé des pierres plates pour gratter les peaux et fabriqué des aiguilles à chas pour coudre les vêtements.

Quand la toundra a cédé la place à la végétation feuillue, les grands herbivores se sont approprié l'espace. Les troupeaux d'aurochs, de rhinocéros laineux, de mammouths, de bisons et de petits chevaux ont fourni aux hommes l'occasion de les tuer, de les cuisiner et

---

1. Leroi-Gourhan A., *La Civilisation du renne*, Paris, Gallimard, 1936.

de transformer leur carcasse en vêtements et outils. La chasse, dans ce contexte écologique adouci, est devenue une activité organisatrice des sociétés humaines. Quand le feuillage est réapparu, la chasse a changé de tactique et de signification. À l'époque de Neandertal, il y a 40 000 ans, le groupe entier participait à la chasse. Monsieur, Madame et les enfants rabattaient le gibier vers les grandes fosses ou vers les filets où l'animal était abattu. Quand le climat s'est adouci, le groupe sédentarisé a appris à faire pousser des végétaux, a confectionné des enclos pour rassembler des animaux. La chasse, dans ce contexte paisible, est devenue un théâtre de la mort, puisqu'on aurait pu vivre sans tuer. Ceux qui possédaient les armes, la force physique et le courage de risquer leur vie pour tuer d'énormes bêtes gagnaient l'admiration du groupe. Ceux qui savaient tuer gagnaient un prestige qui les élevait dans la hiérarchie sociale[1] mais n'était plus nécessaire à la survie. La nourriture quotidienne, cueillie et récoltée, devenait féminine, moins prestigieuse alors qu'elle assurait l'essentiel de l'alimentation[2].

Un jardinier avec sa salade paraissait insipide, alors qu'un chasseur qui côtoyait la mort créait une impression de transcendance : où va-t-on après la mort ? Dès lors,

---

1. Ariès P., *Une histoire politique de l'alimentation. Du paléolithique à nos jours*, Paris, Max Milo, 2017, p. 33-35.
2. Testart A., *Essai sur le fondement de la division sexuelle du travail chez les chasseurs-cueilleurs*, Paris, Édition de l'EHSS, « Cahiers de l'Homme », 1986.

il suffisait de sacrifier un être vivant, de tuer un prisonnier ou d'égorger un mouton pour accéder au dieu. Jamais on n'aurait pensé à sacrifier un poireau ou une betterave, c'est trop terre à terre. Seule la mort crée un sentiment de transcendance : « [Dans] les milieux populaires interdits de viande et même de poisson, [on] devait se contenter des pires végétaux [...]. Les puissants, eux, conservaient une alimentation principalement carnée[1]. »

À l'époque médiévale le peuple se nourrissait de soupes, de bouillies et de galettes. Quand le moulin à vent est apparu au XIe siècle, le seigneur s'est réservé le monopole de la farine et des fours pour la cuisson[2]. Pour cette population, le pain a pris une signification sacrée. Jeter du pain, c'est un blasphème. Pas de volaille sur la table, quelques bas morceaux de porc, la viande demeure un mets aristocratique. La poule au pot d'Henri IV a été un emblème de démocratie : « Je veux que chaque laboureur de mon royaume puisse mettre la poule au pot chaque dimanche[3]. » La volaille n'est plus réservée aux nobles, un repas de viande par semaine. Quelle révolution !

À chaque variation climatique, la culture a changé de forme. Quand il y a eu un Petit Âge glaciaire, entre 1570 et 1685, le port de Marseille, chaque hiver,

---
1. Ariès P., *Une histoire politique de l'alimentation*, op. cit., p. 237.
2. Rivals C., *Le Moulin et le Meunier*, préface de J. Le Goff, Paris, Éditions de l'EHSS, 2000.
3. Csergo J. (dir.), *Pot-au-feu. Convivial, familial : histoires d'un mythe*, Paris, Éditions Autrement, 1999.

était pris dans les glaces. Le blé, mal engrangé, pourrissait en tas. Le grand souci de cette époque fut de développer l'art de rester chez soi, d'inventer des moyens de lutter contre le froid et de conserver les aliments.

Il y a un lien très fort entre climat et culture. Quand il faut en urgence dominer la nature, « une immense révolution sociale, économique et intellectuelle[1] » permet de ne pas mourir. Quand l'urgence ne s'impose pas, comme dans les édens géographiques où les fruits, les feuilles, l'eau et les poissons sont à portée de main, les hommes perdent le plaisir d'être plus forts que la mort. Leur vie devenue insipide leur donne envie de mourir. À Tahiti, le suicide tue plus que les accidents de voiture[2]. La douceur écologique, en engourdissant les jeunes, les vulnérabilise et les prive de la fierté d'avoir triomphé des épreuves.

C'est pourquoi les Tibétains qui connaissent le bonheur facile des plaines tropicales éprouvent aussi le besoin de gravir les pentes de l'Everest pour se protéger de la mousson et accéder au bonheur difficile[3]. Quand on est gavé par le bonheur assoupissant des édens climatiques, on avive la flamme du bonheur de triompher de la neige et des pentes rocheuses.

---

1. Blom P., *Quand la nature se rebelle*, Éditions Maisons des sciences de l'homme, Paris, 2020.
2. Amedeo S., sur la radio Tahiti Infos, mars 2019.
3. Fable introductive quand Spyod-Po dit : « J'ai dans cette vie-ci tout ce dont j'ai besoin », la *siddhi*, ce pouvoir que donne « la maîtrise parfaite du corps et de la nature ». Féray Y., *Contes d'une grand-mère tibétaine*, Arles, Picquier, 2018, note 1.

La violence créatrice

Nous voilà mal partis dans l'aventure humaine. À peine Monsieur et Madame *Sapiens* sont-ils arrivés au monde, il y a 300 000 ans, que la violence, nécessaire pour échapper à la mort, a privilégié la force virile. Il a fallu dominer la nature, tuer les animaux, manger des êtres vivants non humains et humains pour gonfler l'estime de soi et structurer les liens sociaux. Il a fallu inventer des armes pour tuer, puis trouver des arguments pour donner une apparence raisonnable à cette violence créatrice et légitimer la domination qui entravait les femmes. Chez les Francs, l'éducation des garçons au sport, à la chasse, aux métiers du combat commence après une cérémonie où l'on coupe la barbe du jeune homme. La pousse du poil fournit la preuve que l'agressivité, qualité fondamentale des hommes, va être cultivée. La combativité virile a permis la survie de l'espèce humaine, la violence créatrice, l'industrie des armes et les tactiques guerrières ont donné l'impulsion à l'aventure sociale. Pas facile, ce départ…

Aurait-on pu suivre un autre chemin ? De nombreuses cultures guerrières ont hypertrophié cette socialisation tragique. Les Akkadiens, il y a 4 000 ans, ont dominé la Mésopotamie grâce à leur organisation militaire et à leurs armures en cuir épais renforcées de disquettes métalliques. Les Hittites, il y a 3 000 ans, ont pris le pouvoir grâce à leurs chars rapides et à leurs volées de flèches. De nombreux documents racontent que chez les Spartiates les garçons étaient éduqués avec une violence extrême : dès l'âge de 7 ans, on les enlevait à leur famille, on leur coupait les cheveux, on les alimentait peu pour leur apprendre à voler la nourriture, on leur interdisait de parler et bien sûr de se plaindre. L'État en faisait des guerriers dont la société était fière. Les Celtes, il y a 2 500 ans, préféraient combattre nus. Plus légers, plus rapides et plus violents, ils ont pillé Rome et Delphes. Les Romains sont devenus un modèle de violence civilisatrice. Ils imposaient leurs lois grâce à une énorme armée surpuissante, mais quand il arrivait qu'ils soient mis en difficulté, ils en concluaient que la violence de leurs adversaires était plus efficace que la leur et ils adoptaient leurs méthodes. Les Perses, les Huns, les Scythes, les Mongols, les Mayas, les Aztèques, les Turcs – avec les janissaires –, pratiquement tous les peuples ont exercé la violence des garçons pour en faire une force civilisatrice[1].

Chaque bataille provoquait une commotion collective à laquelle il fallait vite donner une forme verbale pour s'en remettre. Tout choc psychique contraint au

---

1. Toynbee A. J., *Guerre et civilisation*, Paris, Gallimard, 1953.

partage des émotions si l'on veut s'apaiser[1]. Il faut raconter, écrire, sculpter des tombeaux pour donner une forme artistique à la violence des combats. Les archives décrivent des guerriers musclés, des armes étranges, des chevaux fougueux qui nous montrent, encore aujourd'hui, des tragédies millénaires douloureuses et merveilleuses. Ces jeunes hommes, qui avaient domestiqué la violence pour imposer leur culture, leur langage et leur technologie, ont été héroïsés jusqu'à ce que mort s'ensuive. À la fin d'une vie de souffrances sublimes, les plus chanceux recevaient un lopin de terre pour devenir paysan, ou trouvaient une place chez un forgeron pour fabriquer des armes qu'ils vendaient à l'aristocratie naissante. La prise du pouvoir par la violence physique s'associait à la violence de la domination sociale. « Pour cette aristocratie guerrière armée par les bronziers[2] », fabricants d'instruments de combat, la violence venait de créer une classe politique.

Avec les filles, on a trouvé un autre moyen pour fabriquer du social. On ne les envoyait pas dormir par terre avec les armées conquérantes, ni se battre au corps-à-corps, on ne les encourageait pas à entrer dans les fermes pour voler la nourriture et violer les habitants, la culture donnait au chef de famille le pouvoir d'offrir sa fille en mariage quand il fallait faire la paix.

---
1. Rimé B., *Le Partage social des émotions*, Paris, PUF, 2009, p. 139-142.
2. Marchand P. (dir.), *L'Aube des civilisations*, Paris, Gallimard/Larousse, 1991, p. 123.

Offrir le corps d'une femme constituait un moyen d'organiser de nouveaux circuits sociaux : « Si je donne ma fille au fils de mon rival, nous pourrons associer nos armées, nos terres et nos idées. Nos enfants feront une nouvelle filiation, issue de toi mon rival et de moi ton rival. » En offrant leur fille, les puissants augmentaient leur puissance autrement que par la guerre. Le corps des femmes servait à pactiser pour imposer la paix.

Bien sûr, dans cette stratégie de construction sociale, les filles n'étaient pas considérées comme des personnes. Elles n'avaient de valeur qu'en créant de la filiation, en mettant au monde un garçon de préférence qui serait éduqué à la dure, envoyé à la guerre, à l'usine, à la mine ou aux champs. Il deviendrait chef de guerre ou chef de famille, encensé, admiré par le groupe et craint par ses proches. Il serait glorieux, héroïsé et vénéré... après sa mort.

Dans un tel contexte socioculturel, être amoureux de sa femme ou attaché à ses enfants prenait la connotation d'un sentiment ridicule. Un homme attendri par l'amour n'est plus intéressé par la gloire des combats. Quand il est attentif aux besoins de ses enfants, il perd son autorité de chef de famille. À l'inverse, quand il érotise la violence, il augmente sa possibilité de victoire, il s'épanouit en se servant de sa force pour imposer sa conception de la vie sociale. Les femmes avaient rarement accès à la domination par cette force socialisante, on leur a donné en échange un peu d'affectivité et une protection contre la violence. Était-ce une bonne affaire ?

Aurait-on pu trouver une autre méthode pour fabriquer de la société ? Si les hommes n'avaient pas été violents, aurait-on survécu aux variations climatiques, aux dérèglements sociaux, aux envahissements par les voisins qui voulaient prendre notre place ? Quand, en temps de paix, nous ne risquons plus de disparaître, les rapports de violence ne sont plus justifiés, pourquoi conservons-nous cette manière de se socialiser ? Peut-être parce que cette réaction qui nous a permis de nous adapter et de faire face aux mammouths est tellement inscrite dans notre mémoire, transmise à travers les générations, que nous continuons à affronter des mammouths disparus depuis longtemps. Peut-être aussi y a-t-il pour les hommes un bénéfice à conserver des conduites codifiées selon le sexe ? La pensée binaire qui éclaire le monde au point de nous aveugler devient pour eux avantageuse : tout ce qui n'est pas fort est faible, tout ce qui n'est pas violent est doux, tout ce qui n'est pas homme est femme.

Le cerveau sculpté par son milieu devient un appareil à voir un monde

La sculpture cérébrale, sous l'effet des pressions du milieu, entraîne non seulement une manière de ressentir le monde, mais aussi une manière de le voir comme une évidence. Pour donner forme au monde qu'on perçoit, il faut le réduire. Nos organes sensoriels sont très sélectifs, ils ne perçoivent pas les ultraviolets ni les infrasons. Notre développement oriente les informations perçues vers des zones cérébrales qui les connotent de bonheur ou de malheur selon le circuitage précoce. Et notre histoire met en lumière quelques scénarios en oubliant l'immense majorité des faits[1]. Toutes ces réductions neurologiques, développementales et historiques donnent une forme au monde qu'on perçoit et qu'on nomme « réalité ».

La description de quelques accidents neurologiques peut illustrer comment une modification cérébrale fait voir, authentiquement voir, des réalités différentes. Il n'est pas rare de découvrir sur un scanner qu'un petit accident vasculaire cérébral a abîmé une zone pariéto-occipitale droite. Cette aire traite habituellement les stimulations venues de l'espace gauche. La lésion ne

---

1. Eustache F., « Mémoire et oubli : un duo harmonieux », *in* F. Eustache (dir.), *La Mémoire, entre sciences et société*, Paris, Le Pommier, 2019, p. 119-131.

provoque pas de troubles moteurs ou sensitifs majeurs, et le malade affirme que rien n'a changé, il voit le monde comme avant. Pourtant, quelques étrangetés invitent le clinicien à se poser des questions : quand on lui apporte son plateau-repas, le malade mange les frites qui sont à droite et réclame le bifteck qui est à gauche et que tout le monde peut voir, sauf lui. Il tâtonne pour chercher à gauche les objets dont il s'empare avec précision quand on les met à sa droite. Il rase la moitié droite de son visage et soutient qu'il a tout rasé. On lui fait passer un test en lui demandant de recopier une marguerite (il ne dessine que les pétales de droite), une horloge (seule la partie droite du cadran est recopiée), un long vers : « Les sanglots longs des violons de l'automne » deviennent, « violons de l'automne[1] ». Il néglige toutes les informations venues de l'espace gauche et soutient qu'il a recopié tout ce qu'il fallait voir. Il n'est pas aveugle puisqu'il évite les obstacles et affirme qu'il n'y en a pas.

Federico Fellini a souffert d'une telle atteinte du cortex postérieur de l'hémisphère droit. Quand son neurologue lui avait demandé de recopier le dessin d'une dame sur son vélo se dirigeant vers la gauche, il avait soigneusement dessiné le chignon, le dos et la roue postérieure du vélo mais rien sur la partie gauche.

---

1. Botez M. I. (dir.), *Neuropsychologie clinique et neurologie du comportement*, Montréal, Les Presses de l'Université de Montréal, 1987, p. 142-143.

La zone corticale altérée devait être un peu plus étendue puisqu'il souffrait aussi d'un syndrome d'Anton-Babinski. Il soutenait que son bras gauche n'était pas paralysé, alors qu'il était incapable de le bouger. Quand on le lui faisait remarquer, il s'indignait et demandait qui avait osé mettre un tas de chiffons à la place de son bras gauche.

Cette donnée neurologique permet de poser le problème des rationalisations, « procédé par lequel le sujet cherche à donner une explication cohérente [...] à un sentiment dont les motifs ne sont pas aperçus[1] ». Federico, à cause d'une altération cérébrale localisée, donnait une forme apparemment rationnelle (« Qui a mis un tas de chiffons dans mon lit ? ») à une sensation inattendue dont il ignorait l'origine. Sa non-conscience du déficit gauche et sa totale ignorance de la cause ne l'empêchaient pas de donner une forme verbale cohérente à une paralysie dont il ne prenait pas conscience et qui lui procurait une sensation analogue à un tas de chiffons.

Il n'y a pas qu'en neurologie qu'on « raisonne » ainsi. Dans la vie quotidienne, quand on ressent une émotion dont on ne peut pas connaître la cause, on lui donne une forme verbale cohérente qui n'a souvent aucun rapport avec le réel. On se sent mieux parce

---

1. Terme proposé par Jones E., « La rationalisation dans la vie quotidienne » (1908), *in* J. Laplanche, J.-B. Pontalis, *Vocabulaire de la psychanalyse*, Paris, PUF, 1973, p. 387.

que cette rationalisation nous donne l'illusion de comprendre le monde et de pouvoir agir sur lui, ce qui est sécurisant. On ignore qu'on a simplement juxtaposé une sensation physique avec une représentation verbale, on a amarré l'âme au corps aurait dit Descartes. Sauf que le corps est mathématisable, alors que l'âme est remplie de représentations qui désignent souvent des objets réels, mais peuvent aussi désigner des représentations d'objets réels et même des représentations de représentations qui ne désignent plus rien de réel. C'est la définition du délire : quand la raison erre, elle se coupe du réel en sortant du sillon (*de-lira*)[1].

Le cerveau permet une approche mathématisable : quand il néglige l'espace gauche ou quand il perçoit son bras gauche comme un tas de chiffons, il ne délire pas, il rationalise puisqu'il perçoit des informations sensibles et les organise pour donner forme à ce qui est réel pour lui. Ce délire non psychotique donne cohérence au réel.

Ne pas prendre conscience d'un fait n'empêche pas le sujet de le mettre en mémoire. Notre appareil à voir le monde se construit en recevant des pressions non conscientes. On a demandé à un malade souffrant de négligence spatiale unilatérale (NSU) de résoudre un puzzle où l'on avait dessiné un ballon à droite et un

---

1. Rey A., *Dictionnaire historique de la langue française*, Paris, Le Robert, 2012, p. 980.

bouquet de fleurs à gauche. Comme prévu, il a recomposé le puzzle du ballon et négligé celui des fleurs. Il a mis dix minutes pour faire le puzzle. Une semaine plus tard, il n'a mis que trois minutes pour résoudre le même puzzle. Au vingt et unième jour, l'expérimentateur a inversé les dessins en mettant les fleurs à droite et le ballon à gauche. Le malade a mis quatre minutes pour reproduire les fleurs qu'il prétendait voir pour la première fois. Il avait donc appris à son insu, il ne savait pas qu'il savait et, percevant les fleurs dans l'espace gauche, il les avait négligées consciemment alors qu'elles s'imprégnaient non consciemment dans sa mémoire.

C'est probablement ce qui se passe quand nous baignons dans un paysage qui, de jour en jour, devient familier. C'est une pression analogue qui s'imprègne dans la mémoire des enfants quand tous les jours, ils entendent leurs parents raconter les problèmes de la famille ou de la cité. C'est par un phénomène analogue que nous apprenons les stéréotypes de notre culture. Nous croyons raisonner par nous-mêmes alors que nous ne faisons qu'incorporer dans notre mémoire les récitations du groupe, ses croyances et ses préjugés. Les histoires partagées, les opinions acquises en toute inconscience créent un sentiment d'appartenance auquel on adhère avec bonheur puisqu'il nous solidarise. C'est un grand bénéfice. Quel dommage que, parfois, il ne désigne plus rien du réel ! Est-ce ainsi que l'on pourrait expliquer les délires collectifs où des personnes austères, habituées à réfléchir, perdent leur libre arbitre pour profiter de l'effet solidarisant d'un récit stéréotypé ?

J'ai été fortement impressionné, lors des lobotomies auxquelles j'ai assisté, par l'incroyable vitesse à laquelle une personnalité pouvait changer : instantanément ! À peine le lobe préfrontal était-il cisaillé ou dilacéré par des injections d'eau distillée que le sujet ne percevait plus le même monde. J'ai vu des malades lobotomisés soupirer d'aise parce que leurs angoisses venaient de disparaître, subitement. Quand les neurones préfrontaux qui constituent le socle neurologique de l'anticipation ne peuvent plus fonctionner, le lobotomisé ne peut plus penser aux malheurs qui risquent d'arriver, ni à la mort inéluctable. L'incroyable capacité des êtres humains à vivre dans un monde impossible à percevoir (passé depuis longtemps ou dans un futur lointain) crée notre aptitude à l'angoisse. Le prix de la lobotomie tranquillisante est exorbitant puisque la personnalité du lobotomisé est gravement amputée. Il survit dans un monde immédiat, ne peut plus faire de projets ni évoquer son passé. Il ne peut que répondre aux stimulations du contexte, comme un réflexe dépourvu de vie mentale.

De nombreux exemples cliniques démontrent qu'une altération cérébrale, qu'elle soit « thérapeutique », accidentelle ou médicale, change la manière de voir le monde. Dans le cas de l'akinétopsie, une petite lésion occipitale, le malade peut voir un objet quand il est immobile, mais, dès qu'on le fait bouger, il cesse de le voir. Une lésion occipitale voisine décolore soudain l'image du monde, qui devient noir et blanc. Parfois, la négligence spatiale unilatérale est d'origine frontale, le malade devient indifférent à tout ce qui vient de sa gauche. Dans cet espace, ses membres et les objets ne le stimulent plus[1]. Dans les paramnésies réduplicatives de lésions bifrontales, le malade sait qu'il est à l'hôpital, mais il a tellement perdu le sens de la topographie qu'il affirme, contre toute logique, que l'hôpital est situé dans la cave de sa maison. Une réduplication analogue peut se manifester quand il perçoit le visage de ses proches. Le malade voit clairement sa femme, mais il affirme que c'est une imposture[2]. Sa perception correcte est associée à une sensation de tromperie, de falsification ou d'hypocrisie. « Je vois bien que cette femme est exactement comme ma femme. Qu'est-ce que ça cache ? » Parfois, quand la tumeur est située sur le corps calleux (ces neurones transversaux qui passent d'un hémisphère à l'autre), le malade est convaincu que sa main n'est pas à lui, que c'est une main étrangère. Je me souviens d'un patient qui voyait bien que

---

1. Brown J., « The frontal lobe syndrome », *in* P. J. Vinken, G. W. Bruyn, H. L. Klawans, R. F. Clifford (dir.), *Handbook of Clinical Neurology*, Amsterdam, Elsevier Science, 1985.
2. Morrison R. L., Tarter R. E., « Neuropsychological findings related to Capgras syndrome », *Biol. Psychiatry*, 1984, 19 (7), p. 1119-1127.

sa main était correctement au bout de son bras, mais s'indignait et reprochait à l'interne d'avoir mis dans son lit une main qui n'était pas à lui. Les surdités verbales ne sont pas rares. Le malade entend les mots, il peut les répéter correctement, mais ne comprend plus ce qu'ils signifient[1]. On lui dit : « Pouvez-vous lever la main droite ? » Il nous regarde sans bouger. On répète : « Pouvez-vous lever la main droite ? » Il demeure inerte. Alors on écrit sur un papier : « Pouvez-vous lever la main droite ? » Il répond : « Bien sûr », et lève la main droite. Les mots parlés sont redevenus pour lui de simples sonorités, alors que les mots écrits ont conservé leur pouvoir linguistique. Si la lésion temporale gauche avait été un tout petit peu postérieure, il aurait compris les mots parlés mais aurait considéré les mots écrits comme de simples gribouillis.

Le cerveau en formation continue

La neuropsychologie est riche en analyses de processus mentaux surprenants et contre-intuitifs. Mais il faut nuancer ce que je viens d'écrire. Les lésions n'ont pas une topographie aussi rigoureuse et ne provoquent pas toujours des troubles aussi précis que ceux que je

---

[1]. Ardila A., Rosselli M., *Neuropsicología clínica*, Bogota, Editorial El Manual Moderno, 2015.

viens d'exposer. Il m'est arrivé de voir au scanner un très gros trou à la place du lobe temporal gauche dit « zone du langage », et le malade parlait sans difficulté. À l'inverse, un petit trou mal placé peut provoquer des dégâts énormes. La négligence spatiale gauche peut être provoquée par un accident pariéto-occipital droit ou par une lésion bifrontale. Le malade qui reconnaît sa femme et lui dit d'un air méfiant : « Bonjour madame », parce qu'il pense que c'est un sosie, n'a souvent aucune lésion visible.

Tous les êtres humains ont un cerveau humain, mais chaque cerveau a été sculpté différemment selon les pressions des milieux précoces. Dans l'utérus, dès que le cerveau de l'embryon commence son développement, il subit la pression des émotions maternelles. Après sa naissance, quand il est dans les bras de ses parents, la construction du cerveau est tutorisée par l'entente affective du foyer. Puis, quand l'enfant parle, il comprend les règles et les histoires racontées par sa famille et sa culture et les incorpore dans sa mémoire. Ne nous étonnons pas si chaque cerveau est personnalisé, puisqu'il résulte des forces façonnantes qui exercent leur pression depuis l'origine. C'est pourquoi, lorsqu'un accident abîme une zone cérébrale, les effets ne sont pas rigoureusement les mêmes. Chacun perçoit le monde que son cerveau lui fait voir comme une réalité objective. Selon sa génétique, son développement et son histoire, chaque personne vit dans un monde à nul autre pareil. Et, comme le réel ne cesse de changer selon les bouleversements climatiques et sociaux, le cerveau donne à voir des mondes sans cesse différents.

À ces mondes perçus comme des réalités objectives s'ajoutent des connotations affectives authentiquement ressenties. Car nous, êtres humains, pouvons souffrir deux fois. Une première fois quand une stimulation chimique, thermique ou mécanique emprunte les voies anatomiques de la douleur pour alerter l'organisme en lui envoyant des signaux de danger d'empoisonnement, de brûlure ou d'écrasement. Ces voies de la douleur construisent des circuits comparables chez tous les mammifères. Quand on se pince la patte ou la main, les corpuscules tactiles excessivement stimulés empruntent les fibres C, neurones très rapides qui prennent un relais dans les cordons postérieurs de la moelle pour arriver à un noyau du thalamus, groupe de neurones à la base du cerveau. À partir de ce niveau, les voies de la douleur divergent selon les espèces. Certains animaux à petit cerveau corticalisent peu cette information douloureuse, juste assez pour crier et se débattre pour s'enfuir. D'autres espèces, au contraire, corticalisent beaucoup en envoyant cette information vers différentes zones cérébrales. La gare de triage thalamique oriente la douleur d'une piqûre vers la zone pariétale, l'éblouissement vers la zone occipitale et un son douloureusement intense vers la zone temporale. Cette corticalisation de la douleur est particulièrement développée chez les mammifères humains, car leur cerveau, dès qu'il se forme dans l'utérus et après sa naissance, est circuité par le milieu.

Quand le développement a été sécurisant et fortifiant, dans une famille stable et une culture en paix, un message sensoriel sera plus facilement orienté vers le noyau accumbens dont la stimulation déclenche des sensations agréables. Quand une excitation trop intense provoque une douleur, un cerveau auparavant fortifié orientera moins l'information vers l'amygdale rhinencéphalique, qui provoque des sensations désagréables. Le fait d'avoir acquis un facteur de protection avant de recevoir l'impact douloureux atténue la souffrance.

À l'inverse, quand l'organisme du mammifère humain ou non humain s'est développé dans des conditions adverses, les messages de douleur ont pris l'habitude d'être orientés vers l'amygdale, qui amplifie l'information douloureuse. Quand l'organisme a acquis des facteurs de vulnérabilité, la même stimulation douloureuse aggrave la douleur.

Chez nous, mammifères parlants, la parole modifie une fois de plus la sensation provoquée par les circuits de la douleur. Quand on raconte cette douleur pour en faire un acte d'accusation, on peut éprouver le plaisir de faire du mal à celui qui nous a fait du mal, mais on peut aussi entretenir la douleur et on peut même l'aggraver en ajoutant la mémoire des mots à la mémoire du corps. Cela explique que certains individus blessés et humiliés s'accrochent à leur douleur pour agresser l'agresseur : « Regardez ce qu'il a fait de moi. » Le tribunal des Autres ajoute un aspect psychodynamique qui modifie le circuitage de la douleur ressentie[1].

À l'inverse, on peut se servir de la parole pour atténuer la douleur : « Il faut que je lui explique ma souffrance, de façon à ce qu'elle m'aide. » Le travail de la parole, l'élaboration, crée une anticipation, comme un espoir qui soulage. En ajoutant la mémoire de ce qu'on a dit à la mémoire de ce qu'on a ressenti, on modifie les circuits de la souffrance qu'on oriente à chaque entretien vers le noyau accumbens qui donne du plaisir. Ce circuitage neurologique par l'action de la parole explique pourquoi certains traumatisés aggravent leurs souffrances en ruminant, en répétant sans cesse la mémoire de la douleur, ce qui définit le syndrome psychotraumatique. Alors que d'autres, à l'inverse, se servent de la parole pour comprendre ce qui leur est arrivé ou pour modifier leur image de blessé, en racontant une histoire difficile dont ils ont triomphé, en écrivant un roman ou en s'engageant socialement pour que « mon exemple serve aux autres ». Cet usage de la parole modifie non pas la douleur qui a été réellement ressentie, mais la représentation de la douleur passée, qui cesse de torturer le présent.

---

[1]. Eustache F. (dir.), *La Mémoire, entre sciences et société*, Paris, Le Pommier, 2019, p. 646-648.

L'exemple du membre fantôme va me permettre d'illustrer l'idée qu'il est possible d'agir sur le milieu qui agit sur notre corps. Après une amputation, il n'est pas rare que le malade continue à souffrir du membre qu'il n'a plus. Parfois, il a fallu amputer un pied à cause d'une gangrène diabétique qui, pendant des mois, n'a cessé d'envoyer des messages de douleur. Deux patients sur trois souffrent plus ou moins longtemps d'un pied amputé qui n'est plus dans le réel, mais dont le trajet neurologique est encore circuité dans le cerveau. La stimulation ne part plus du pied qui a été enlevé, mais de la trace des circuits douloureux qui reste dans la partie corticalisée des voies de la douleur. On voit le flux rouge des neurones qui travaillent pour transporter un message douloureux qui, au lieu de partir du pied, part du noyau VPL (ventro-postéro-latéral) de la grappe thalamique et envoie l'alerte jusqu'à l'aire cingulaire antérieure du cortex. Le malade souffre réellement d'un pied qui n'est plus là parce que l'impulsion de la trace mnésique de la douleur demeure gravée dans son cerveau. La douleur répétée pendant des mois a tracé une empreinte réelle dans les circuits cérébraux de la douleur. Le mot « empreinte » est adéquat puisque les jeunes amputés souffrent moins longtemps que les âgés. Leur cerveau est tellement plastique qu'ils prennent l'empreinte d'autres zones du corps, ce qui enfouit le trajet de la mémoire du membre fantôme. Les cerveaux âgés qui se lignifient avec l'âge prennent plus difficilement de nouvelles empreintes et gardent en mémoire le premier chemin de la douleur.

Jusqu'au jour où Ramachandran a eu l'idée de demander aux amputés de se regarder dans un miroir en train de faire des exercices[1]. Supposons qu'un malade ait eu une amputation de la main gauche. On le met face à un miroir et on lui demande de faire des signes avec sa main droite. Ce qu'il voit dans le miroir, c'est un mouvement de sa main gauche. En répétant l'exercice, on circuite de nouvelles informations où le sujet met en mémoire des mouvements de la main gauche, amputée dans le réel et pourtant visible réellement dans le miroir. Les résultats sont bons, surtout chez les jeunes. Il arrive que la douleur soit aggravée, ce qui confirme que chaque cerveau est circuité de manière personnelle et que, parfois, le simple fait de regarder le kinésithérapeute bouger sa main droite, alors que la main gauche du patient est amputée, supprime sa douleur de membre fantôme. Cela confirme de manière très simple l'existence de neurones miroirs, où le cerveau est incité à faire lui-même le geste qu'il perçoit sur le corps d'un autre[2]. Giacomo Rizzolatti, à Parme, étudiait la neuro-imagerie des macaques quand il fut surpris de voir que le cerveau d'un singe s'activait

---
1. Ramachandran V. S., Altschuler E. L., « The use of visual feedback, in particular mirror visual feedback, in restoring brain function », *Brain*, 2009, 132 (7), p. 1693-1710.
2. Rizzolatti G., Sinigaglia C., *Les Neurones miroirs*, Paris, Odile Jacob, 2008.

quand l'animal regardait le scientifique en train de faire un geste signifiant. Quand l'expérimentateur dirigeait sa main vers une pomme, les neurones dont la stimulation provoque le même geste s'activaient chez l'animal : voir un geste le préparait à faire le même geste. Les cerveaux de l'homme et de l'animal fonctionnaient en synchronie !

L'existence des neurones miroirs chez les enfants explique leur étonnante tendance à imiter les gestes. L'impulsion à imiter permet d'apprendre à harmoniser les corps pour jouer. L'aptitude à répéter les mouvements de la bouche de l'autre pour produire des sons les aide à apprendre à parler sans accent, c'est-à-dire avec la musique des mots des partenaires du groupe.

Les hallucinations de deuil sont plus fréquentes qu'on le croit. Les veuves entendent la respiration de leur mari la nuit, ou ses pas le soir quand il rentre du travail. Elles n'en parlent pas, par crainte d'être prises pour des folles, alors qu'il s'agit d'une mémoire physiologique saine, circuitée dans le cerveau par des années de coexistence.

Dans la vie quotidienne, ce phénomène de mémoire explique pourquoi les enfants maltraités s'attendent à être battus[1], même quand on les enlève de leur milieu maltraitant. La répétition des coups, à un âge où la

---

1. Miljkovitch R., *L'Attachement au cours de la vie. Modèles internes opérants et narratifs*, Paris, PUF, 2001.

mémoire est vive, leur a appris à attendre les coups. Quand un adulte vit longtemps dans des conditions adverses, il a du mal à s'adapter quand son milieu redevient favorable. De nombreux survivants des camps qui avaient dormi sur des planches pendant un an ou deux ne parvenaient plus à s'endormir dans un lit après la Libération. Ils se couchaient par terre au pied du lit et, là, ils retrouvaient la dureté du sol inscrite dans leur mémoire. La familiarité de cette stimulation les sécurisait et les aidait à s'endormir. La douceur d'un matelas, information inattendue, les tenait en éveil et parfois même les angoissait. Certains avaient l'impression de ne pas mériter cette douceur, ce qui entraînait des réactions comportementales désadaptées comme lorsqu'ils répondaient méchamment à une déclaration d'amitié. Il n'est pas rare qu'un enfant qui a été maltraité casse ou perde le cadeau qu'on vient de lui offrir, comme s'il pensait : « Je ne mérite pas d'être aimé, ça m'angoisse. Je rejette votre déclaration d'amour qui me désespère. » Quand un enfant a inscrit dans sa mémoire une maltraitance durable, il est angoissé de recevoir l'amour dont il a besoin et désespéré de ne pas le recevoir.

Comment apprendre à désespérer

Quelques données cliniques et expérimentales vont nous démontrer à quel point un cerveau seul ne peut pas fonctionner. Isolé, il s'éteint. Un cerveau a besoin d'une altérité pour être stimulé. C'est l'harmonisation de deux cerveaux qui donne à chacun la santé, la sensation d'événement qui structure une personnalité. C'est dire à quel point l'individu est inséparable de son contexte. La culture occidentale nous a fait croire qu'une personne pouvait se développer sans tenir compte de la pression des autres. Les études de psychiatrie sociale nous prouvent que cette notion d'individu sans contexte est une illusion de notre pensée[1].

Une procédure expérimentale démontre comment, en soumettant un organisme sain à une pression environnementale agressive, on peut lui apprendre à ne plus se défendre.

Au cours d'un séminaire de recherche, organisé à l'hôpital de la Timone à Marseille, dans le service du professeur Sutter, j'avais été frappé par une expérimentation lumineuse d'un chercheur qui nous avait montré comment un rat placé dans des conditions

---

1. Coutanceau R., Canoui P., Cyrulnik B., Bennegadi R. (dir.), *La Parole libératrice*, Paris, Dunod, 2019.

adverses apprenait à se laisser mourir[1]. Les rats blancs de laboratoire, issus d'une même souche génétique, sont bien traités jusqu'à l'expérimentation. Le test de la nage avait pris 100 rats élevés dans de bonnes conditions au contact de leur mère. À un moment donné, ils étaient placés dans un large tube en verre rempli d'eau et le scientifique chronométrait le temps pendant lequel ils nageaient avant de se laisser couler. Tous ces rats nageaient quinze minutes avant de consentir à la noyade. À ce moment, l'expérimentateur les sortait de l'eau.

Puis, il a pris une autre série de 100 rats de même souche qui avaient été isolés, privés de mère, au cours des premiers jours de leur existence. Dans le tube rempli d'eau, ils nageaient dix minutes avant d'abandonner.

Une troisième série de 100 rats, après avoir été bien élevés, ont été mis dans le tube rempli d'eau, puis sortis rapidement, séchés, nourris et bichonnés. Quelque temps après, ces rats ont été remis dans le tube : ils se sont laissés couler après vingt minutes de nage !

Cette expérience confirme qu'un organisme qui a été agressé au cours de son développement précoce a acquis une vulnérabilité qui l'entraîne à moins se

---

1. Porsolt R. D., Le Pichon M., Jalfre M., « Depression : A new animal model sensitive to antidepressant treatments », *Nature*, 1977, 266 (5604), p. 730-732.

défendre. Pourrait-on dire qu'il a appris à perdre espoir ? À l'inverse un organisme renforcé au cours de son développement précoce a acquis un facteur de protection, comme si le rat pensait « quand on me met dans un verre d'eau ce n'est pas grave parce que, dans ma mémoire, je sais qu'on va me secourir, il suffit de nager en attendant ».

Ce travail de laboratoire précise une donnée clinique qui nous intriguait. Quand on subit un deuxième traumatisme, ceux qui ont été secourus après la première agression supportent mieux la deuxième. On dit alors qu'ils sont aguerris. Tandis que ceux qui ont été abandonnés supportent encore plus mal le deuxième stress. On dit qu'ils sont fragilisés. Leur réaction au deuxième trauma dépend de la qualité du secours lors du premier trauma. Cette explication vaut pour les femmes violées : celles qui ont été négligées sont souvent revictimisées[1], à nouveau violées parce que, ayant perdu l'espoir et l'estime de soi, elles renoncent à se défendre, elles se laissent couler.

Le même constat a été fait à l'échelle d'une population. Après l'invasion israélienne du Sud-Liban, en 1982, les soldats qui avaient subi la Shoah en Europe ont fourni un nombre élevé de psychotraumatismes,

---

1. Coutanceau R., Damiani C. (dir.), *Victimologie. Évaluation, traitement, résilience*, Paris, Dunod, 2018.

alors que les sabras, nés en Israël, n'ayant connu que des victoires depuis 1948, avaient très peu de traumatismes. Et, surtout, la signification de la guerre avait changé. Au moment de la création des deux États, palestinien et israélien, la guerre prenait pour les Juifs une signification de légitime défense : « [...] nous formions une société collective, où l'on parlait de notre beau pays, de la noblesse de mourir pour lui. Notre histoire était faite de traumatismes surmontés[1] ». Or la signification de la guerre de 1982 était tout autre. Ce sont les Israéliens qui ont envahi le territoire libanais pour arrêter les bombardements des Palestiniens qui occupaient le Sud-Liban. « Le conflit israélo-palestinien s'est enrichi d'une dimension coloniale[2]. » Le nombre de syndromes psychotraumatiques a triplé dans les vingt ans qui ont suivi cette guerre[3]. Les soldats israéliens n'étaient plus des héros salvateurs, ils devenaient des occupants.

Où est la vérité dans tout ça ? Un mathématicien dira : « C'est vrai, sinon ça ne peut pas être. » Un biologiste affirmera : « C'est vrai comme sont vrais les éclairs, une brève lumière au cours de l'évolution. » Et un psychologue attestera : « Ce qui est vrai n'est vrai que pour chacun d'entre nous. »

---

1. Maercker A., Schutzwohl M., Zahava S. (dir.), *Post Stress Disorder. A Lifepan Developmental Perspective*, Toronto, Hogrefe and Haber Publishers, 1999.
2. Barnavi E., *Dix thèses sur la guerre*, Paris, Flammarion, 2014, p. 20.
3. Illustration par le film *Valse avec Bachir*, Ari Folman, 2008.

Alors comment ne pas dire n'importe quoi ? Une attitude psycho-écologique peut analyser chaque rouage d'un système :
• *Au plus près du corps*, la température, la lumière, le climat et les substances bénéfiques et maléfiques agissent sur les métabolismes.
• *À une distance moyenne*, la pression vient du corps de l'autre, de sa manière d'agir et d'établir des relations affectives médiatisées par des gestes et des mots.
• *Au plus loin du corps*, les récits collectifs, les organisations sociales, les sentiments, les croyances agissent sur notre cerveau, notre développement et notre histoire.

Innovations techniques et déflagrations culturelles

À l'échelle d'une vie, nous nous adaptons au cycle des saisons. C'est un plaisir de changer de vêtements légers ou chauds, de manger des fruits de saison, d'allumer un feu l'hiver et de se mettre à l'ombre l'été. À l'échelle des générations, un changement climatique, une glaciation ou un réchauffement modifient la végétation, le comportement des animaux, la sélection des espèces et les travaux des hommes : la chasse, l'agriculture, la construction des abris et le sens qu'on donne aux faits grâce à nos récits.

À chaque changement de climat les végétaux s'adaptent et se transforment[1], ce qui n'est pas la même chose. Quand la plante s'adapte, elle fonctionne différemment mais ne change pas. Quand l'eau vient à manquer, la fleur replie ses pétales, la feuille se flétrit, ce qui diminue l'évaporation. Mais quand le changement climatique s'installe durablement, ce système de défense ne suffit plus et, pour ne pas mourir, la plante se transforme et devient épineuse. Un sol est dit résilient quand, après une inondation ou un incendie, la vie reprend, mais elle est transformée. Après l'incendie du Cap-Sicié, près de Toulon, en 1978, la montagne était noire et les troncs calcinés prenaient la forme de doigts crochus. « Les arbres sont méchants », me disait une patiente. Deux ou trois ans plus tard des chênes-lièges, débarrassés de l'ombre des pins, avaient poussé. Les cystes ont réapparu, le petit gibier a proliféré et les grands aigles ont tournoyé. Un système nouveau s'est mis à fonctionner, la végétation transformée a transformé le monde des petits mammifères et des rapaces. Ce processus d'« adaptation-transformation » définit la résilience qui, après une période de tension, a modifié le système. Quand la sécheresse s'est installée dans le sud-est de la France, les agrumes se sont développés, citrons, oranges et

---

1. Mathevet R., Bousquet F., *Résilience et environnement. Penser les changements socio-écologiques*, Paris, Buchet-Chastel, 2014, p. 39.

bergamotes. Mais ce nouveau système n'a pas convenu aux céréales : les coléoptères ont mangé le maïs, les bactéries ont abîmé les oliviers, et le blé, plus petit, a pourri sur place. En se prolongeant pendant des décennies, l'ensoleillement et la sécheresse ont fini par faire apparaître un nouveau maïs à croissance rapide et à petits grains.

Les animaux ont connu le même processus d'adaptation-transformation. Quand le climat est devenu trop chaud, la réponse adaptative des oiseaux a consisté à migrer vers les pays froids du Nord. Après plusieurs générations, leur taille était plus petite, ce qui a augmenté leur métabolisme et les a aidés à lutter contre le froid. En Australie, avant le réchauffement, les mammifères vivaient dans un territoire où le ciel et la végétation offraient d'excellentes conditions de vie à d'énormes herbivores. La mégafaune des immenses dragons de Komodo, des crocodiles terrestres de 2 tonnes, des serpents de 150 kilos et des kangourous de 3 mètres ont peuplé ce continent. Quand le ciel est devenu sombre, il y a 65 000 ans, le métabolisme de la chlorophylle des végétaux, devenu trop faible, a provoqué la disparition des plantes, entraînant avec elle la disparition des dinosaures. Cette transformation du milieu végétal et animal a convenu aux mammifères, qui ont commencé leur expansion planétaire. L'arrivée de l'homme en

Australie a aggravé ce processus qui, en 10 000 ans, a métamorphosé le paysage[1].

Les hommes, tout comme les plantes et les animaux, s'adaptent à ces changements écologiques en modifiant leur métabolisme. Mais, puisqu'ils vivent aussi dans un monde où ils structurent la société par leurs représentations mentales, ils ont inventé de nouvelles armes pour chasser ces nouveaux animaux. Ils ont mis au point d'autres techniques d'agriculture pour cultiver ces plantes modifiées, ils ont exterminé certaines espèces et en ont domestiqué d'autres, comme les chats, les furets ou les renards qui ont détruit quantité d'oiseaux et de rongeurs.

Ces bouleversements naturels (glaciation ou réchauffement), ces innovations techniques (armes et règles sociales) provoquent d'intenses remaniements de la manière de vivre ensemble. La moindre invention technique provoque un immense bouleversement social et culturel. Quand un Chinois a découvert, il y a 5 000 ans, qu'on pouvait utiliser le fil sécrété par la femelle du bombyx du mûrier pour en faire un tissu solide, léger et conservant la chaleur, il a donné naissance à une énorme industrie de fabrication de la soie et de voyages commerciaux. La route de la soie, magnifique aventure depuis 2 500 ans, dessine sur une carte

---

[1]. Miller G. H. *et al.*, « Ecosystem collapse in Pleistocene Australia and a human role in megafaunal extinction », *Science*, 2005, 309 (5732), p. 287-290.

les relations entre l'Orient et l'Occident. Les Chinois organisent des caravanes de chameaux et de chevaux pour transporter le précieux textile à travers les déserts, les montagnes et les villes. À chaque étape, les transactions monétaires et administratives sont réalisées par des Grecs et des Juifs. En transportant la soie, ces caravaniers emportent avec eux des outils, des langues, des idées et des croyances. Le bouddhisme, le mazdéisme et, plus tard, l'islam suivent à leur tour la route de la soie[1]. L'effondrement asiatique provoqué par Gengis Khan et Tamerlan (XIIIe-XVe siècle), en empêchant ces caravanes, provoque le développement des magnaneries provençales. Quand la route reprend, elle devient plus maritime et fait escale à Antioche en Syrie. Aujourd'hui encore, la nouvelle route de la soie prend le même trajet et provoque les mêmes effets bénéfiques et maléfiques[2]. En même temps que de jolis tissus, les caravaniers transportaient le bacille de la peste. Bénéfice : de beaux tissus colorés ont submergé les magasins de Londres et de Paris. Maléfice : le transport de virus et de bacilles a provoqué régulièrement des épidémies mortelles. Aujourd'hui, le même transport de marchandises et de bacilles se fait par des chameaux appelés « avions » et par des caravaniers organisés en entreprises internationales.

---

1. Anquetil J., *Routes de la soie*, Paris, J.-C. Lattès, 1992.
2. Lasserre F., Mottet E., Courmont B. (dir.), *Les Nouvelles Routes de la soie. Géopolitique d'un grand projet chinois*, Québec, Presses de l'Université du Québec, 2019.

Le XIVe siècle a été marqué par la peste noire transportée par les puces et les poux. Entre 1348 et 1352, cette peste bubonique a tué 6 millions de Français[1]. Avant la peste, quand le seigneur vendait une terre, il vendait en même temps les serfs qui habitaient dessus. Deux ans plus tard, quand l'épidémie a tué un Européen sur trois, les paysans avaient pris une telle importance que le servage a disparu pratiquement sans débat. La catastrophe sanitaire avait bouleversé l'éthos, la hiérarchie des valeurs. Puis ce fut le « siècle des pestes », entre 1345 et 1570, où presque chaque année une épidémie démarrait. En 1720, un bateau chargé de soie et de coton fit escale à Antioche avant de gagner Marseille. Pour arriver le plus tôt possible à la foire aux tissus de Beaucaire, les commerçants n'ont pas respecté la quarantaine. Ils ont débarqué la nuit des ballots de tissus bourrés de bacilles et, en quelques mois, 150 000 personnes sont mortes en Provence et au Languedoc. La répétition d'un même processus a provoqué les mêmes effets : le stockage des biens et la course au profit ont régulièrement entraîné des épidémies mortelles et des bouleversements sociaux.

Quand, le 26 avril 1986, un réacteur de la centrale nucléaire de Tchernobyl a explosé, la quantité d'éléments radioactifs dispersés par les vents a été l'équivalent de deux cents bombes de Hiroshima. Trente

---

1. Moriceau J.-M., *La Mémoire des croquants 1435-1652*, Paris, Tallandier, 2018.

ans plus tard, la radioactivité a perturbé la croissance des troncs d'arbres et des branches plus tordues que jamais. Les loups, les ours et les élans se sont installés dans cette zone abandonnée par les êtres humains. Les campagnols et les mulots courent en toute liberté, et les mutations génétiques des oiseaux et des mammifères sont nombreuses. L'organisation sociale des êtres humains et leurs réactions psychologiques sont étonnamment modifiées. L'explosion du réacteur a été suivie d'une explosion de critiques qui étaient interdites à l'époque où le régime communiste contrôlait les relations. Il a fallu donner la parole à des experts non politiques, à des physiciens, à des médecins et à des économistes sollicités pour résoudre ce problème. La critique du régime est devenue possible.

Un phénomène auparavant latent a, lui aussi, explosé dans le monde paysan. Il a fallu apprendre la chimie des engrais, la biologie végétale, l'art vétérinaire, la mécanique des grosses machines et la gestion des entreprises. On n'exerce plus le métier de paysan avec de gros bras, on ne travaille plus dans un groupe de villageois associés pour la moisson et chantant le soir à la veillée, on se retrouve isolé, avec pour unique préoccupation les problèmes techniques.

Cette nouvelle condition paysanne est un terreau pour les idéations suicidaires. Socialement, on s'organise en coopératives, en consortiums avec agriculteurs salariés qui dépendent des banques et des scientifiques pour séquencer la polyculture du blé, de l'orge, de la betterave ou du pavot pour les pharmacies. Pas étonnant que les grandes entreprises comme Solvay, L'Oréal ou Air Liquide gouvernent l'agriculture. La ferme n'est plus mise dans l'héritage puisqu'elle appartient à un trust et non plus à une personne. Les enfants de paysans ne sont plus paysans. Les jeunes agriculteurs font des études difficiles, passent parfois un doctorat et aspirent tellement à devenir paysans qu'ils acceptent de beaucoup travailler pour un maigre revenu.

Les êtres humains ne sont pas séparables de leur milieu, comme nous l'a fait croire un individualisme simplificateur. Leur corps est un carrefour de pressions écologiques et leur âme un carrefour de récits. L'étude de l'environnement physique est une source d'idées pour les archéologues, et les historiens s'en servent pour écrire une « éco-histoire[1] ». Nourrie de littérature et de sociologie, elle analyse comment un monde mental se construit dans des directions différentes selon les climats, les sociétés et les récits, « dialectique entre les sciences naturelles et les sciences humaines[2] ».

---

1. Delort R., « L'histoire entre le cosmos et le hasard : entrevue avec Robert Delort », *Médiévales*, 1985, 9, p. 7-18.
2. Fressoz J.-B., Graber F., Locher F., Quenet G., *Introduction à l'histoire environnementale*, Paris, La Découverte, 2014, p. 6.

Climat et stature des êtres humains

L'intérêt des biologistes et des historiens pour le climat a commencé au XVIIIe siècle. La chaleur, la luminosité exercent une pression sur le corps des êtres humains, leurs comportements et même leurs organisations sociales. La forme apparemment rationnelle (les rationalisations) qu'ils inventent leur donne l'illusion de comprendre le monde.

Au XVIIe siècle, la « petite glaciation[1] » a augmenté la taille des glaciers, ce qui a diminué la pluie au Maghreb, ce qui a accru l'étendue du Sahara, ce qui a provoqué la désertion des villages du Nord et entraîné de longues années de misère en France. Le moustique anophèle a fui le froid du Nord, quitté l'Angleterre où il transmettait la malaria et s'est installé autour de la Méditerranée. Les surfaces cultivées se réduisent, les récoltes sont désastreuses, la démographie s'effondre pendant la guerre de Trente Ans (1618-1648) et, « sur une période de 2 000 ans, la taille des humains atteint son point le plus bas[2] ».

Voilà un raisonnement systémique qui nécessite l'intégration de disciplines différentes : pour que la taille des êtres humains varie nettement, il faut que

---
1. Le Roy Ladurie E., *Histoire humaine et comparée du climat*, t. I : *Canicules et glaciers, XIIIe-XVIIIe siècles*, Paris, Fayard, 2004.
2. Berhinger W., *A Cultural History of Climate*, Londres, Polity Press, 2010.

l'environnement physique stimule la partie du cerveau qui induit les sécrétions neuro-hormonales. La morphologie qui en résulte implique une adaptation comportementale et technique pour produire des aliments végétaux ou animaux. L'éthos, la hiérarchie des valeurs morales qui en découle, met l'éclairage sur celui ou celle qui correspond le mieux à la production des aliments et à leur répartition sociale.

Monsieur et Madame *Sapiens* sont apparus en Éthiopie il y a 300 000 ans. Leur taille et leur morphologie résultent de la combinaison des déterminants génétiques d'un spermatozoïde et d'un ovule. Dès les premières divisions cellulaires, l'environnement physique et chimique freine ou active le travail des cellules. Dès la grossesse, le style d'existence parental dispose autour du bébé une niche sensorielle qui tutorise le processus développemental dans différentes directions. Et quand le petit homme accède au monde des mots, les récits qu'il entend déterminent désormais ses réactions émotionnelles, comportementales et ses engagements historiques.

Il y a 40 000 ans, Monsieur et Madame Cro-Magnon étaient très grands. Le squelette de l'homme de Grimaldi au musée de Monaco mesure 1,95 mètre et celui de Madame qu'on a trouvé dans la grotte du Cavillon, près de Vintimille, mesure 1,90 mètre[1].

---

1. Lumley H. de (dir.), *Grotte du Cavillon : sous la falaise des Baousse Rousse, Grimaldi, Vintimille, Italie*, t. II : *La Sépulture de la dame du Cavillon anciennement nommée l'homme de Menton*, Paris, CNRS, 2016.

Pourtant, au Néolithique, il y a 10 000 ans, nos ancêtres ne mesuraient que 1,60 mètre. Les déterminants génétiques étant les mêmes, il faut bien admettre que cette diminution de taille est attribuable à des pressions du milieu qui ont tutorisé une autre croissance. Les variations de taille corrélées au milieu économique montrent que les enfants grandissent mieux dans les cultures en paix. À l'époque où l'Empire romain a dominé l'Occident, les soldats ont laissé de grands squelettes, et quand cette civilisation s'est effondrée les squelettes étaient plus petits. Nous possédons là une preuve d'adaptation que les travaux sur l'épigenèse[1] expliquent aujourd'hui.

Lors des premiers recensements en 1914, les hommes mesuraient 1,75 mètre et les femmes 1,63 mètre. Aujourd'hui les jeunes sont nettement plus grands : les garçons atteignent 1,88 mètre et les filles 1,74 mètre. Remarquons un sous-groupe qui soulève un problème social : dans les milieux riches, les filles et les garçons sont beaucoup plus grands que dans les milieux pauvres. Quand les parents gagnent beaucoup d'argent, les enfants mangent moins de sucre, de sel et de viande, on préfère leur cuisiner plus de végétaux et leur donner plus de fruits. Quand les parents sont pauvres et qu'ils ont du mal à organiser leurs journées

---

1. Épigenèse : une bandelette génétique, en s'ajustant aux incessantes variations du milieu, produit des développements différents.

de travail, ils achètent des plats industriels riches en sucres, sel et graisses qui rendent les enfants obèses. Serait-ce un phénomène analogue qui pourrait expliquer la réduction de taille des habitants du Néolithique ? Les chasseurs-cueilleurs, plus grands et plus mobiles, mangeaient surtout des feuilles et des fruits, alors que les paysans du Néolithique, plus sédentaires, se nourrissaient de graines glucidiques et de viandes grasses.

Les aliments sont des marqueurs sociaux qui participent à la croissance de la taille et du poids, au même titre que les conditions d'existence. À Manchester, en un siècle (1760-1850), la taille des hommes et leur espérance de vie ont fortement chuté. Le développement fulgurant de l'industrie avait créé des conditions d'existence effroyables. « L'essor du capitalisme industriel a été marqué par une extrême brutalité[1]. » Les propriétaires d'usines ou de mines, pour réussir socialement, n'ont pas hésité à faire travailler des enfants. Dans l'échelle des valeurs de cette société, la production passait avant l'épanouissement des enfants. Garçons et filles allaient à l'usine dès l'âge de 10-12 ans, travaillant debout dans le froid sous la menace des contremaîtres. L'épreuve physique et le stress arrêtaient leur développement. Le fait de rester debout longtemps tassait les cartilages de conjugaison qui, dès qu'ils sont

---

1. Frey C. B., *The Technology Trap : Capital, Labor and Power in the Age of Automation*, Princeton, Princeton University Press, 2019.

soudés, bloquent la croissance osseuse. Ce phénomène explique pourquoi, encore aujourd'hui, les ouvriers ont des jambes plus courtes que les intellectuels qui, allant à l'école, restent assis pendant de longues années. La brutalité des relations provoquait l'augmentation des substances de stress (cortisol, catécholamines) qui sidérait le cerveau des petits, leur faisant ainsi perdre leur capacité d'apprentissage, comme l'a raconté Charles Dickens, ouvrier d'usine à l'âge de 12 ans[1]. Il a fallu attendre l'apparition des syndicats pour améliorer les conditions de travail et retarder l'embauche des enfants dans les usines et les mines.

Le cerveau fonctionne différemment selon le style d'existence, qui est lui-même une adaptation à la structure du milieu. Les gosses de riches, dans un logement confortable, sécurisés par une constellation familiale de quatre à six personnes, acquièrent facilement une alternance veille-sommeil qui les repose et stimule leur mémoire[2]. Quand les parents parlent de l'école en en faisant des récits amusants et intéressants, ils mettent en lumière cette institution, que les enfants investissent. Un grand nombre de familles pauvres réalisent le même travail en racontant l'école de leur enfance qui désigne le lieu de l'épanouissement social et de l'intégration. Mais ce n'est pas le cas d'une famille violente, maltraitante

---

1. Ackroyd P., *Dickens*, Londres, Vintage, 2002.
2. Bowlby J., *Attachement et perte*, t. I : *L'Attachement*, Paris, PUF, 1978, p. 79-87.

ou en précarité sociale. Quand les parents angoissés ne parlent que de loyer impayé ou de fin de mois difficile et non pas du plaisir d'apprendre, l'éclairage n'est pas le même et le foyer parental, constamment en alerte, surstimule le système limbique et les circuits de frayeur du cerveau de l'enfant.

Ce n'est donc pas la taille du cerveau qui gouverne l'épanouissement de l'enfant, c'est sa transaction avec un milieu physique et social et un entourage humain affectif et verbal. Neandertal, avec son gros cerveau et ses volumineux lobes occipitaux, parlait moins bien que Cro-Magnon. Il possédait un faible lexique, il fabriquait des armes pour tuer de gros gibiers dont il partageait la viande, il mesurait 1,60 mètre et mourait à 35 ans après avoir fait le plus d'enfants possible pour assurer la survie de l'espèce[1].

L'homme aujourd'hui a un cerveau plus petit que celui de Neandertal et pourtant ses performances intellectuelles ne sont pas moindres. Sa femme, dont le cerveau pèse 250 grammes de moins, réalise des performances scolaires, artistiques, intellectuelles et sociales qui s'améliorent à chaque génération[2].

Hier encore, l'espérance de vie des femmes était brève. Elles mouraient à 36 ans au XIXe siècle, après

---

1. Bourguignon A., *Histoire naturelle de l'homme*, t. I : *L'Homme imprévu*, Paris, PUF, 1989, p. 191-194.
2. Beaune S. A. de, Balzeau A., *Notre préhistoire. La grande aventure de la famille humaine*, Paris, Belin, 2016.

treize grossesses dont seuls quatre enfants parvenaient à l'âge adulte. Les hommes vivaient plus longtemps (64 ans en 1950, 68 ans en 1970, 79 ans en 2020). Les femmes aujourd'hui dépassent les 85 ans et beaucoup deviendront centenaires. La morphologie des hommes et des femmes, génétiquement déterminée, n'empêche pas les conditions d'existence d'en modifier l'aspect physique, l'espérance de vie et le fonctionnement cérébral.

L'esprit des êtres humains organise le milieu qui sculpte le corps et l'âme de ceux qui y vivent. Depuis les chasseurs-cueilleurs, nous avons incroyablement modifié le milieu, qui nous a incroyablement modifiés. Avec ce constat paradoxal : il n'y a pas de progrès sans effet secondaire et parfois les maléfices dépassent les bénéfices. Il est probable que les chasseurs-cueilleurs, moins civilisés que les hommes du Néolithique, vivaient plus longtemps et en meilleure santé. Quand il y a 10 000 ans ils ont inventé l'élevage et l'agriculture, ils ont pu manger les animaux sans avoir à les chasser et stocker les aliments sans avoir à les chercher au loin. Cet incontestable progrès technique a créé les conditions qui ont provoqué les épidémies, la pollution de l'air et de l'eau, sans compter les guerres de ceux qui convoitaient les biens des sédentaires et industrieux hommes du Néolithique.

Cerveau toujours nouveau

Nous inventons le milieu qui sculpte notre cerveau et nous fait voir des mondes différents. Nous avons hérité de cette humanisation qui, au long des millénaires, nous a légué un cerveau nouveau. Un cerveau est toujours nouveau puisqu'il dépend des pressions naturelles et culturelles qui ne cessent de changer. Il a été difficile de penser que le cerveau est un organe de la relation puisque, pendant des siècles, on a répété que, dans sa boîte crânienne, il produisait des actes, des sensations et des idées : « Le cerveau sécrète la pensée comme le foie la bile[1]. » On se donnait l'illusion de comprendre en s'inspirant des objets vedettes de la culture environnante. Quand le contexte technique fabriquait des automates, on pensait que le cerveau fonctionnait avec des poulies, quand la campagne était dessinée par des canaux d'irrigation, on décrivait la circulation des fluides cérébraux, quand on a découvert l'électricité, les neurones ont été comparés à des câbles, quand les ordinateurs sont apparus, le cerveau a été représenté comme un superordinateur. Et quand l'idéologie a enflammé le XXe siècle, on a trouvé légitime de couper le lobe préfrontal des fous, ces êtres inférieurs.

---

1. Cabanis P. J. G., *Rapports du physique et du moral de l'homme*, Paris, Imprimerie Crapelet, 1802.

La critique qui a le plus profondément blessé Egas Moniz, l'inventeur de ce « traitement », est venue du gouvernement soviétique, qui a « interdit la lobotomie parce qu'elle était en contradiction avec la doctrine de Pavlov[1] », qui était apprécié par les communistes et avait eu le prix Nobel en 1904.

Le cerveau est sorti de sa boîte dans les années 1950, quand un primatologue a démontré, dans une expérience élégante et cruelle, que des petits macaques cessaient de se développer dès qu'ils étaient isolés[2]. Les mammifères ont besoin de la présence d'un autre pour réaliser leur « programme génétique », comme on disait à cette époque. Le cerveau sain de ces petits tombait malade dès qu'ils étaient privés de la simple présence d'un autre. Leur cerveau isolé ne commandait que des actes autocentrés, des balancements, des torsions et des autoagressions. Cette expérimentation a provoqué la haine des défenseurs des animaux, alors qu'elle démontrait brillamment que tous les mammifères étaient des êtres sensibles, des êtres d'affection, et non pas des machines.

Ce travail, mille fois cité, a éclairé le constat clinique des psychanalystes qui filmaient et démontraient, après la Seconde Guerre mondiale, que des enfants

---

1. Palem R.-M., *De la folie au cerveau. Psychiatrie et neurologie : une histoire de famille*, Paris, L'Harmattan, 2007, p. 7.
2. Harlow H. F., « Love created, love destroyed, love regained », *in* R. Chauvin (dir.), *Modèles animaux du comportement humain*, Paris CNRS Éditions, 1972, p. 40-60.

sains mais privés de mère manifestaient exactement les mêmes comportements que les primates non humains[1]. Ces travaux cliniques combattaient le stéréotype qui affirmait qu'un enfant sain « poussait bien », et que s'il poussait mal, c'était la preuve qu'il était malsain. La métaphore végétale de l'enfant « bonne graine » facilitait les raisonnements racistes, mais déjà les expérimentations animales et les descriptions cliniques proposaient une autre attitude épistémique : la structure du milieu facilite ou entrave le développement d'un cerveau sain.

Dans les années 1970, John Bowlby posait les bases de cette nouvelle manière d'aborder le psychisme[2]. D'abord critiquée par les psychanalystes puis réhabilitée, c'est aujourd'hui la théorie qui convient au plus grand nombre de praticiens et de chercheurs.

Muni de ces données, je tentais d'expliquer, comme me l'avaient appris mes maîtres, les troubles comportementaux et psychiques des enfants sans famille[3]. La contestation est venue de ceux qui continuaient à penser qu'un enfant peut grandir sans tenir compte du milieu. Pour certains, il n'est soumis qu'à des déterminants biologiques, alors que, pour d'autres, le psychisme se construit par stades indépendants de tout contexte. En arrivant en Roumanie avec Médecins du Monde, après

---

1. Spitz R., « La perte de la mère par le nourrisson », *Enfance*, 1948, 1-5, p. 373-391.
2. Bowlby J., *Attachement et perte*, Paris, PUF, 1978-1982, 3 tomes.
3. Cyrulnik B., *Mémoire de singe et paroles d'homme*, Paris, Hachette, 1983.

la chute du Mur en 1989, nous pouvions constater les énormes dégâts organiques et psychiques d'enfants privés de mère par la pensée criminelle de Ceaucescu. Le dictateur faisait isoler les petits dans d'immenses salles, de façon à ce que leur mère puisse travailler quatorze heures par jour. Quand nous avons témoigné des effets de cette effrayante agression provoquée par la privation affective, on nous a expliqué que ces enfants avaient été abandonnés parce qu'ils étaient malformés, alors que nous pensions qu'ils étaient malformés parce qu'ils avaient été abandonnés.

Notre constat clinique a été confirmé plus tard par une très belle publication scientifique[1] qui s'inscrivait dans la filiation de l'éthologie de Harlow, de la psychanalyse de Spitz et de la pédiatrie de Bowlby : les altérations cérébrales, comportementales et émotionnelles des enfants sont bien la conséquence de l'isolement sensoriel imposé par la politique. On est loin de la pensée binaire qui étudie un corps sans l'influence du milieu, et une âme sans amarres matérielles ou sociales.

Aujourd'hui, la neuro-imagerie photographie et mesure les altérations cérébrales, la vitesse à laquelle elles s'installent, comment elles peuvent disparaître ou réapparaître selon les transactions avec le milieu. Un milieu défaillant peut induire une défaillance cérébrale,

---

1. Nelson C., Fox N. A., Zeanah C. H., *Romania's Abandoned Children. Deprivation, Brain Development and the Struggle for Recovery*, Cambridge, Harvard University Press, 2014.

mais en réparant le milieu on peut faire repartir la construction cérébrale. « L'apprentissage de la musique provoque l'épaississement du cortex dans les régions qui commandent aux doigts et à l'audition d'un pianiste[1] », ce qui revient à dire que l'éducation change l'organisation des circuits cérébraux, et que la non-éducation ne circuite pas le cerveau. Quand un enfant n'apprend pas à jouer du piano, la zone des doigts reste mince. Ce qui modifie l'épaisseur de cette zone cérébrale se trouve à l'extérieur du cerveau. Le point de départ de ce déterminisme se situe dans le désir des parents, puis dans l'entraînement prescrit par le professeur de piano avant d'arriver à l'acceptation de l'enfant. L'effet de ces causes extérieures se mesure sur l'épaisseur du cortex temporal gauche. Pourtant, si je mets mon chien dans une classe de piano, je parie que la zone cérébrale qui va s'hypertrophier sera celle de l'affection ou de l'olfaction et non pas celle qui commande à ses pattes. Les circuits seront modifiés par une stimulation extérieure qui agira sur le cerveau olfactif d'un chien et sur la zone temporale gauche d'un enfant. Le résultat dépend de la transaction entre la génétique et la structure culturelle du milieu. Ceux qui s'appliquent encore à déterminer la part d'inné ou d'acquis dans un comportement seront bien embêtés

---

1. Claeys A., Vialatte J.-S., *L'Impact et les Enjeux de nouvelles technologies d'exploration et de thérapie du cerveau*, rapport, Paris, Assemblée nationale/Sénat, 2012, p. 104-106.

avec cette phrase qui prétend que les deux domaines du gène et de la culture, quoique de nature totalement différente, sont étroitement interdépendants.

Il y a pourtant quarante ans qu'on sait qu'un cerveau est sculpté par son milieu. En 1981, David Hubel et Torsten Wiesel ont reçu le prix Nobel de médecine pour avoir démontré que lorsqu'on met un cache sur l'œil gauche d'un chaton, ça provoque une atrophie du lobe occipital droit parce que le socle neurologique de la vision n'est plus stimulé. Inversement, un cache sur l'œil droit provoque une atrophie occipitale gauche[1]. Cette découverte, malgré son prix Nobel, n'est pas entrée dans la culture parce qu'à cette époque l'opinion continuait à croire qu'un cerveau de chaton ne peut rien expliquer d'un cerveau humain.

Depuis l'essor de la neuro-imagerie, on constate sans peine qu'une défaillance du milieu entraîne une défaillance du développement cérébral. Dans un contexte appauvri, le cerveau d'un bébé mal stimulé s'adapte à cette carence en dysfonctionnant. Quand sa mère est morte et quand la culture n'a pas mis à sa place un substitut affectif, le circuit limbique des émotions et de la mémoire de l'enfant, non stimulé, s'atrophie, provoquant ainsi des troubles du comportement. Quand les lobes préfrontaux ne sont plus excités

---

1. Hubel D., *Eye, Brain, and Vision*, New York, Scientific American Library, 1988.

par les jeux et les attentes d'affection, ils n'inhibent plus l'amygdale rhinencéphalique, socle neurologique des émotions insupportables de désespoir ou de rage, qui devient hypertrophié[1], ce qui provoque de grandes difficultés relationnelles. Ces enfants, à cause d'un manque de stimulations affectives, n'ont pas pu acquérir le contrôle de leurs émotions. Ils ne peuvent qu'exploser à la moindre remarque.

Le développement morphologique, la sculpture cérébrale, l'expression des émotions chez les hommes et les animaux résultent de transactions incessantes entre le développement d'un organisme et les pressions écologiques. Chez l'homme, il faudra ajouter l'écologie verbale, un ensemble de récits familiaux et culturels qui structurent un environnement invisible et déclenchent d'intenses sentiments.

Géographie des sentiments

Le climat n'est pas la couche la plus éloignée d'un organisme puisque la chaleur, le froid et la lumière pénètrent dans le corps et modifient les métabolismes. De même que les Tibétains adaptent leurs vêtements,

---

1. Cohen D., « The developmental being : Modeling a probabilistic approach to child development and psychopathology », *in* M. E. Garralda, J.-P. Raynaud (dir.), *Brain, Mind and Developmental Psychopathology in Childhood*, New York, Jason Bronson, 2012, p. 3-29.

leurs comportements, leurs outils et la construction de leurs abris au climat qui les entoure sur les pentes de l'Everest, les manchots empereurs de Terre Adélie modifient leurs comportements de chasse, de protection des petits selon la température ambiante[1]. Leur organisme possède une sorte de thermostat qui leur permet de garder une température interne de 38 °C, alors que le milieu passe de − 60 °C à + 10 °C. Ils nagent dans une eau à 0 °C, et le mâle et la femelle chassent à tour de rôle pour nourrir les petits. Quand le blizzard souffle, ils se groupent et passent à tour de rôle du centre de la communauté où ils sont bien au chaud à la périphérie où ils ne résistent pas longtemps au froid. Leurs comportements sexuels s'adaptent aussi à la température, ce qui modifie la structure de leur groupe. Les hivers où la température est « plus chaude » (− 10 à + 5 °C), la banquise se fragmente et, sur un îlot de glace flottante, les manchots forment des couples « fidèles ». Quand l'hiver est froid (− 60 à − 10 °C), sur la banquise immense, les manchots deviennent des empereurs volages puisqu'ils ont beaucoup de femelles à leur disposition. Un bénéfice adaptatif découle de leur sexualité débridée : quand les actes sexuels sont nombreux, la probabilité de reproduction augmente. Mais quand la température douce fragmente la banquise et

---

1. Jouventin M., « Incubation et élevage itinérants chez les manchots empereurs de Pointe-Géologie (Terre Adélie) », *Revue du comportement animal*, 1971, 5, p. 189-206.

rend les couples fidèles, l'espèce devient vulnérable. Le réchauffement climatique risque de faire disparaître 80 % des manchots d'ici à 2100.

De petits rongeurs d'Amérique du Nord posent un problème stimulant pour la condition humaine. Quand les campagnols vivent dans les prairies du Canada, ils forment des couples stables, ils ne se quittent pas et s'occupent attentivement des petits. Quand les mêmes campagnols vivent dans les montagnes du nord de l'Amérique, ils deviennent volages, s'attachent peu et les mâles ne s'occupent pas des petits. Les animaux adultes adaptent leurs comportements de couple à la géographie. Les biologistes constatent que, dans les plaines où les campagnols s'attachent intensément, ils sécrètent beaucoup d'ocytocine, alors que sur les pentes où les couples sont instables, ils en sécrètent moins[1]. L'ocytocine se fixe facilement sur les neurones du système limbique, socle des émotions, ce qui explique le déclenchement facile de comportements maternels. Mais, en montagne, la nécessité de résoudre sans cesse des problèmes de pente, de froid, de nourriture et d'abris difficiles augmente la sécrétion de substances de stress qui entrent en compétition avec l'hormone de l'attachement dans les récepteurs limbiques. Les manchots empereurs ont le même équipement génétique

---

1. Carter L. S., De Vries A. C., Getz L. L., « Physiological substrates of mammalian monogamy : The prairie vole model », *Neurosciences and Behavioral Reviews*, 1995, 19 (2), p. 303-314.

et le même cerveau et pourtant leurs comportements d'attachement sont différents sur la banquise ou sur des îlots de glace. Les campagnols sont strictement les mêmes, en plaine ou en montagne, et pourtant ils manifestent des comportements de couple ou de parents différents selon la structure géographique dans laquelle ils vivent. La pression qui a orienté le développement de leurs comportements sexuels et parentaux dans des directions différentes, ce n'est pas l'équipement génétique, ce n'est pas le cerveau, c'est la sécrétion de neuro-hormones d'alertes ou d'attachement qui diffèrent selon la structure géographique.

Quand un campagnol vit en montagne dans un environnement difficile, les circuits neurologiques de la peur sont souvent stimulés. Les informations venues du milieu sont circuitées vers l'amygdale, qui induit la sécrétion d'hormones de stress saturant les récepteurs limbiques. L'ocytocine moins sécrétée aura moins d'effet, et les parents, constamment en alerte, s'attachent moins aux petits. Les adultes irritables, centrés sur eux-mêmes pour se défendre, sont moins attentifs aux liens sociaux. Ils répondent à des stimulus sexuels immédiats qui n'enclenchent pas la durée des attachements, et les campagnols de montagne deviennent « polygames ».

Les réactions en chaîne sont différentes selon le sexe. Chez les mâles, le circuit d'alerte (faisceau ventral du pallidum) est facilement activé. À la moindre stimulation, l'animal prend une posture de combat ou de fuite. Alors que les femelles, qui sécrètent plus d'ocytocine, activent plus facilement les circuits de l'attachement et du plaisir[1].

Chez les humains, les circuits neurologiques qui orientent les informations vers l'amygdale (rage) ou vers le noyau accumbens (plaisir) sont les mêmes que chez tous les mammifères. Les neuro-hormones (ocytocine et vasopressine) qui sensibilisent les circuits cérébraux sont elles aussi influencées par la structure physique du milieu. Mais, chez les humains, le monde des mots, en faisant éprouver des sentiments intenses d'amour ou de haine, modifie encore plus le fonctionnement de ce système neuro-hormonal[2].

Depuis quelques années le cerveau a pris le statut d'un organe de la relation, on parle même de cerveau social. Il est sculpté par l'écologie physique (climat, géographie), par l'écologie émotionnelle (combat, attachement) et chez les êtres humains par l'écologie verbale : quand les récits créent un monde de représentations non contextuelles, impossibles à percevoir, ils déclenchent d'intenses émotions. Des pressions environnementales de différentes natures convergent et s'associent pour modifier les sécrétions, au point même que le partage d'une croyance suffit à synchroniser le

---

1. Carter C. S., « Oxytocin and sexual behavior », *Neuroscience and Biobehavioral Reviews*, 1992, 16 (2) p. 131-144.
2. Cyrulnik B., « Préfacio » *in* P. Faur (dir.), *Psiconeurobiologia de la resiliencia*, Barcelone, Gedisa, 2019, p. 15.

fonctionnement des cerveaux[1]. Prier, chanter, s'émerveiller ou s'indigner pour une représentation philosophique, théâtrale ou politique crée un fort sentiment de communion. Partager une émotion provoquée par le spectacle d'un événement ou par un récit crée un sentiment d'appartenance sécurisante. Si nous voyons un même phénomène ensemble, si nous récitons une même croyance, nous éprouvons le sentiment d'habiter un même monde et d'appartenir à une même famille.

Un *pool* génétique peut prendre des directions différentes selon la structure de ses niches écologiques proches, médianes et lointaines. Ce *pool* est fourni par un couple sexué dont la rencontre est prescrite par des pressions biologiques contextuelles, par des relations médianes du groupe et, chez l'homme, par des règles familiales et des récits culturels[2].

On sait aujourd'hui que le déterminant XX ou XY peut prendre mille directions différentes selon la structure du milieu, mais il se trouve que tous les êtres sexués ne sont pas XX ou XY. Les oiseaux mâles sont ZZ et les femelles ZW, comme les papillons, les crevettes et les varans de Komodo. Les mâles et les femelles possèdent le même système nerveux, et deux morphologies parfois très différentes. Pour la parade,

---
1. Keysers C., Gazzola V., « Toward a unifying neural theory of social cognition », *Progress in Brain Research*, 2006, 156, p. 379-401.
2. Susanne C., Rebato E., Chiarelli B. (dir.), *Anthropologie biologique. Évolution et biologie humaine*, Bruxelles, De Boeck, 2003, p. 15.

l'accouplement et la protection des petits, il faudra une coordination de ces corps sexués. L'attraction vers le sexe de l'autre est gouvernée par la double contrainte des pulsions internes hormonales et des pressions externes. La durée de l'accouplement dépend fortement des déterminismes génétiques (trois secondes chez le chimpanzé, soixante secondes chez le gorille, quatre cent cinq secondes chez l'homme). La durée du couple est négociée avec les contraintes extérieures du climat, comme nous l'ont enseigné les manchots et les campagnols, et chez l'homme avec les pressions développementales et culturelles.

L'initiative de la parade vient du premier motivé. Chez le canard colvert, c'est le mâle qui s'y colle. Quand l'augmentation de la lumière du jour et de la température stimule son diencéphale, cette cupule qui, à la base du cerveau, recueille le ruissellement neuro-hormonal, quand les gonades deviennent énormes, le mâle ne peut pas ne pas s'orienter vers une femelle qui passe par là. Pour lui faire sa cour, il lui pince le cou, ce qui chez les canards constitue une stimulation sexuelle. Dans d'autres espèces, c'est la femelle qui, motivée la première, parade devant le mâle pour lui donner des idées. Quelle que soit la combinaison gène + environnement, il en résulte une attraction pour l'autre sexe et un accouplement. Le scénario comportemental peut être détérioré par un déficit interne (maladie génétique ou circonstancielle), autant que par une altération externe (carence éducative, isolement précoce) chez l'un ou l'autre partenaire.

Chez les petits singes-écureuils toupayes, la surpopulation est un stress. Dans un tel contexte où les bousculades incessantes font l'effet d'une agression, les femelles ont une croissance lente, une puberté retardée et une incapacité à donner du lait. Leur glande sternale asséchée ne sécrète plus assez de substance olfactive pour marquer les petits à l'odeur de la mère. Elles les sentent comme des étrangers, les tuent et les mangent. Plus les femelles sont stressées, plus elles se masculinisent, deviennent entreprenantes ou brutales et chevauchent les autres femelles dans une pseudo-parade[1]. Si vous pensez que l'instinct est un programme inné qui se déroule inexorablement quel que soit le milieu, les femelles toupayes seront en désaccord. Mais si vous estimez que l'instinct est une pulsion biologique gouvernée et orientée par le milieu, elles vous approuveront.

Guerres et propriété

Nous, êtres humains, connaissons le déterminisme génétique qui nous promet de devenir mâle ou femelle. Comme tous les autres êtres vivants nous subissons les

---

1. Eibl-Eibesfeldt I., *Éthologie. Biologie du comportement*, Paris, Naturalia et Biologica, Éditions scientifiques, 1972, p. 356.

pressions du milieu nourricier, du climat et du stress provoqué par la présence des autres. Et nous subissons aussi les pressions de la niche verbale qui gouverne nos sentiments, les exalte ou les interdit, créant ainsi un nouveau monde que nous habitons de toutes nos forces.

Le but de la manœuvre de ces déterminismes associés consiste à faire entrer un spermatozoïde dans un ovule, de façon à ce que la vie se perpétue. Bien sûr, quand on demande à une dame : « Quelles sont vos origines ? », elle ne répond jamais : « Je viens d'un spermatozoïde. » Un homme ne se représente jamais comme ayant été ovule dans son passé. Nous habitons le monde des récits que nous inventons, nous préférons raconter une légende à l'origine de nous-mêmes, c'est plus digne qu'un spermatozoïde ou un ovule. Il y a 200 000 ans, nous avons inventé le langage humain, chiffre métaphorique désignant la mise en place du langage articulé et de la double articulation. Mais les prémices sont antérieures, nous ne pouvions pas soupçonner qu'à l'origine de nous-mêmes il y avait deux cellules, l'une mâle, l'autre femelle.

Les contes indiens racontent une histoire sexuée où les femmes raffinées, délicates et sachant coudre vivaient entre elles. Les hommes rustiques, poilus et mal peignés chassaient et se bousculaient dans la vie de tous les jours. Un jour, un homme, en se camouflant, a suivi une femme et découvert la vallée où elles vivaient. Ébloui, il l'a demandée en mariage et ce fut l'origine de la famille indienne. En Occident, le conte des origines dépend de l'époque du raconteur. Puisque les sociétés se construisaient dans la violence, il convenait de donner une forme verbale à cette manière de vivre ensemble. Alors, on a dit que les hommes étaient des chasseurs musclés et des artisans habiles qui osaient affronter les tigres à dents de sabre. Alors, les femmes ont dit : « OK, je serai ta femelle servante et tu seras mon mâle protecteur. » Le récit donnait une forme verbale cohérente à la manière de vivre à l'époque industrielle. Les hommes faisaient la guerre, descendaient à la mine, se battaient entre eux et donnaient tout ce qu'ils gagnaient à leurs femmes au foyer qui faisaient la cuisine et s'occupaient des enfants. Voilà, c'était simple. Ce contrat sexuel a duré jusqu'aux années 1970.

Le conte des origines permet d'anticiper le passé en lui donnant une forme qui parle du présent. Il est difficile de trouver des archives qui nous racontent comment Monsieur et Madame *Sapiens* vivaient en famille. Le triangle œdipien (papa, maman et moi) a été mis en lumière par la psychanalyse à l'époque de l'expansion industrielle et commerciale du monde occidental moderne.

Quand nous étions chasseurs-cueilleurs, était-il nécessaire de faire la guerre ? Pour se nourrir, il suffisait de marcher à la queue leu leu et de tendre la main vers les feuilles et les fruits. Cette vision du paradis perdu s'oppose à la représentation des fondements violents des sociétés humaines[1]. Les paléo-crânes fracassés sont-ils le résultat d'un accident ou d'un assassinat ? Freud affirmait que « nous ne sommes qu'une bande d'assassins. [...] si nous nous soumettions à nos désirs et à nos souhaits, l'humanité aurait péri depuis longtemps[2] », le commandement « "Tu ne tueras point" serait sans objet[3] ».

Était-il nécessaire de faire une famille ? Nos lointains ancêtres vivaient sur d'immenses territoires à peine peuplés. La mort ne venait pas des hommes, elle venait de la nature. La mortalité infantile était effrayante, selon les contextes climatiques et les niveaux sociaux. À l'époque des chasseurs-cueilleurs, les hommes avaient peu l'occasion d'être violents entre eux : « Les violences collectives semblent apparaître avec la sédentarisation[4]. » Peut-on dire que la possession d'un territoire, d'un abri, d'un foyer domestique impliquait la domination par un homme fort ? Peut-on supposer qu'avant le Néolithique, une bande d'hommes et de femmes se déplaçant côte à côte suffisait à faire clan ? Dans une telle manière de vivre on peut imaginer qu'on s'accouplait beaucoup mais

---
1. Girard R., *La Violence et le Sacré*, Paris, Grasset & Fasquelle, 1972.
2. Freud S., *Essais de psychanalyse* (*Considérations actuelles sur la guerre et sur la mort, Au-delà du principe de plaisir, Psychologie des foules, Le moi et le ça*), Paris, Payot, 1951, p. 219-250.
3. Freud S., *Malaise dans la civilisation*, Paris, PUF, 1971, p. 330-331.
4. Patou-Mathis M., *Préhistoire de la violence et de la guerre*, Paris, Odile Jacob, 2013, p. 31.

qu'on ne faisait pas de couple durable. Ce n'était pas nécessaire parce que lorsqu'un enfant arrivait, c'est un groupe de 30 à 50 personnes qui entourait le petit. Quand le Néolithique a commencé, il y a 10 000 ans, le groupe s'est agrandi et s'est organisé autour de la possession d'une terre et d'un abri. Dans ce nouveau milieu, on savait qui était la mère et, pour diminuer la charge éducative, il a fallu désigner un homme, l'amant probable, pour l'inviter à prendre sa part de responsabilité. Cet homme fut nommé « père » et le mariage fut la loi qui l'engageait[1]. Un tel énoncé est une fiction juridique qui définit ceux qui ont le droit de vivre en couple, de s'associer, de s'entraider et de tisser l'affect et les interdits qui vont entourer les petits[2]. Dès que le mariage fut inventé, les jeunes candidats ont été obligés de demander à la société le droit d'avoir des relations sexuelles et de s'engager à s'occuper des enfants qui en naîtraient. On est loin du clan amical où l'on s'accouple à son gré et où on protège les enfants du groupe. C'est la société, avec ses savoirs, mais aussi ses croyances et ses préjugés, qui désormais gouverne la pulsion sexuelle. Ceux qui échappent à la loi deviennent des transgresseurs. Leurs enfants seront nommés « bâtards » et considérés hors société, comme les enfants nés d'inceste.

---

1. Coontz S., *Marriage, a History : How Love Conquered Marriage*, Londres, Penguin Books, 2006, p. 37.
2. Godelier M., *Métamorphoses de la parenté*, Paris, Fayard, 2004.

Un monde de mots vient de créer une institution adaptée à une population sédentaire qui place en haut de ses valeurs morales la possession, la terre, la maison, l'entraide et les rapports de force. Les habitants de ce monde, en se soumettant à l'énoncé de la loi qui gouverne l'orientation de leurs désirs, pourront bénéficier de l'aide des parents et de la protection sociale. Les autres, considérés comme des transgresseurs, provoqueront une indignation vertueuse.

L'amour est une révolution, l'attachement est un lien

Le sentiment amoureux ne connaît pas de lois. Par son intensité merveilleuse, il relativise l'impact du regard social. L'autorisation du prêtre ou des parents s'efface devant la passion. L'énoncé de la loi qui gouverne le désir est à peine perçu. L'amoureux n'entend plus les « Tu peux épouser celle-là, mais pas celle-ci », « Tu peux l'embrasser comme ça, à tel endroit, à tel moment » que définit la société. L'amoureux proclame : « C'est celle-là et pas une autre, vous n'avez rien à décider. » En se soumettant à l'aimée et non pas à la société, l'amour met en danger le groupe, qui perd son pouvoir légal et moral. L'amour est un moment extatique dont on fait des poèmes, des chansons et de merveilleuses tragédies où les amoureux se tuent pour mourir ensemble, comme Roméo et Juliette. Ils acceptent d'être châtrés comme Abélard, ce prêtre amant fougueux de la volcanique Héloïse. Ils préfèrent l'exil pour rester ensemble parce qu'ils n'habitent plus les mêmes croyances que leurs parents et la société.

Il arrive souvent qu'un événement culturel ou une découverte technique créent une période sensible, un virage anthropologique qui bouleverse la hiérarchie des valeurs morales. Quand deux aristocrates en guerre décident de faire la paix, ils marient leurs enfants, ce qui vaut un contrat social. La Révolution française, en 1789, avait déjà accordé le libre choix aux jeunes qui voulaient se marier sans se référer à l'Église. Napoléon, en guerre contre l'empereur d'Autriche, épouse sa fille Marie-Louise pour faire la paix en 1810. Mais ce qui a le plus changé le pouvoir structurant du mariage, c'est la culture industrielle du XIXe siècle. Autour de leurs immenses usines, les patrons ont bâti des cités ouvrières, parfois très belles, comme celle de Gaudí près de Barcelone, parfois plus simples comme dans le nord de la France, pour offrir un logement décent aux ouvriers et les tenir à la disposition du patron. Mais un ouvrier sur trois était une ouvrière, elle habitait seule, gagnait sa vie et pouvait donc décider avec qui elle voulait bien avoir des relations sexuelles. La loi du père porte-parole de l'État dans la famille, la loi du prêtre porte-parole de l'Église s'assourdissaient dans le lointain d'une culture bourgeoise. L'expansion du marché et l'économie de l'industrie venaient de donner la parole au mariage d'amour[1].

Le mot « famille » désigne un espace où la sexualité est légale, où un lien d'attachement se tisse entre les habitants, où la plus intime affectivité s'imprègne dans la mémoire des partenaires qui côtoient au geste près, au mot près, le plus grand des interdits : l'inceste. Dans cette niche écologique, biologique, affective et verbale devront se développer les enfants. Ce nid, nécessaire pour la survie, prend des formes étonnamment différentes selon les pressions des milieux climatiques, techniques et récités. Alors, les enfants n'auront qu'une idée : bien se développer dans ce nid pour mieux le quitter.

Au cours de l'histoire, cette structure n'a cessé de se transformer selon les événements du contexte. Chez les animaux, cette niche où l'organisme se développe en recevant les empreintes du milieu change en s'adaptant aux variations écologiques. Les êtres humains connaissent cette pression physique et à laquelle ils ajoutent les pressions historiques. Les outils qu'ils inventent et les récits auxquels ils croient possèdent, eux aussi, une force façonnante.

À l'origine le mot *famulus* désignait un petit groupe où chacun était le serviteur de l'autre[2]. À Rome, tous

---

1. Coontz S., *Marriage, a History*, Londres, Penguin Books, 2006, p. 173 et p. 149-154.
2. Rey A., *Dictionnaire de la langue française*, Paris, Le Robert, 2012, p. 1314-1315.

les habitants d'un domicile constituaient une famille gouvernée par un chef. Cet homme décidait du destin des enfants qu'il avait engendrés et parfois reconnus. Il choisissait aussi les esclaves qui habitaient cette maison et qu'il adoptait quand l'estime et l'affection se tissaient entre ces deux hommes. Cette conception de la famille qui associe la parenté, la filiation et la résidence intègre l'espace (le toit) et la fertilité. Or la structure des logements familiaux dépend beaucoup des progrès techniques de l'architecture et des récits qui établissent une hiérarchie des valeurs morales. Au XIXe siècle, les enfants se développaient dans des logements habités par des personnes de tous les âges, coordonnées par le travail paysan (la ferme), la fonction ouvrière (l'appartement) ou la filiation aristocratique (le château).

Les hommes occupaient un espace au loin dans les champs, dans les mines ou dans les usines où les femmes commençaient à venir. Elles occupaient un espace plus proche de la maison, s'occupaient de la basse-cour, surveillaient les enfants et servaient les hommes à table. Après chaque guerre, on a noté une modification de cette répartition spatiale et des rôles domestiques. Après 1918, de nombreux jeunes hommes en âge de travailler avaient été tués dans les tranchées. Beaucoup revenaient chez eux mutilés, gazés ou souffrant de troubles psychiques qu'on ne savait pas encore appeler « traumatismes ». Les femmes, pendant ce temps, avaient pris leur place dans les champs, les usines et les institutions. Elles découvraient leurs capacités à travailler loin de chez elles et à se socialiser. À l'arrière, on ignorait parfois l'incroyable horreur des tranchées que les hommes évitaient de raconter dans leurs lettres d'amour. Quand les survivants sont rentrés, altérés, ils ont eu du mal à renouer avec des femmes affirmées qui avaient parfois pris un amant[1]. Elles ne supportaient plus leur mari amoindri et difficile à vivre. L'après-guerre fut suivi par une explosion de divorces[2]. Au courage des femmes en 1914 avait succédé la « catastrophe sentimentale » de 1918.

Le Front populaire (1936), en inventant les congés payés, a réalisé une véritable expérimentation où les rôles domestiques changeaient pendant le temps des vacances. Les familles se retrouvaient ensemble, rapprochées sous une tente ou dans un logement loué, avec pour seul souci l'organisation des loisirs. Instantanément, les comportements ont changé. Les femmes découvraient la hardiesse de montrer leur corps dans un maillot de bain. Les hommes faisaient des pirouettes sur le sable, allaient au marché, lavaient la vaisselle, installaient les grands-parents sous des parasols et se faisaient moins servir à table. Les rôles domestiques n'avaient pas eu besoin de lois ni de débats culturels pour se désexualiser. Ça se faisait comme ça, sous l'effet du changement

---

1. Radiguet R., *Le Diable au corps*, Paris, Grasset, 1923.
2. Becker J.-J. *et al.* (dir.), *Guerre et cultures 1914-1918*, Paris, Armand Colin, 1994.

de milieu et des conditions de vie qui modifiaient les comportements domestiques. À la fin du congé, dès le retour à la maison et à l'usine, la sexualisation des rôles se remettait en place.

Le même phénomène s'est répété durant la Seconde Guerre mondiale. Les hommes ont disparu plusieurs années, certains pendant sept ans (trois ans de service militaire, un an de guerre et quelques années dans les camps de prisonniers). Quand ils sont rentrés en France, en 1945, ils n'avaient rien appris, sauf à faire la guerre et à tuer le temps. Dans ce contexte social, les femmes découvraient qu'elles pouvaient faire marcher un foyer et la société.

Pendant la guerre d'Algérie, les étudiants partaient pendant trente mois (trois années scolaires) et, quand ils revenaient, ils reprenaient leurs études en première année, tandis que leurs voisines d'université, jeunes diplômées, prenaient un poste de responsabilité. Les variations de milieu entraînaient des variations de structures familiales et de rôles sociaux.

Aujourd'hui en France, le paysage familial résulte d'un processus technique et culturel qui s'est mis en place après Mai 68. Le mariage a changé de signification. Il ne donne plus la permission d'avoir des relations sexuelles. Il devient une occasion de réunion entre amis qui fêtent le couple. Dans les années 1950, toutes mes copines d'enfance étaient mariées à 20 ans et avaient mis au monde un ou deux enfants. Je les entendais dire dès l'âge de 16 ans : « Vivement que je me marie, pour que je n'aille plus à l'usine. » Aujourd'hui, seuls les curés et les homosexuels revendiquent un mariage qui prend, pour eux, la signification d'une reconnaissance sociale. Les hétérosexuels préfèrent le Pacs ou une simple entente entre adultes. Le couple n'a de compte à rendre ni aux parents, ni à l'Église, ni à l'État. On ne demande plus à la société la permission d'avoir des relations sexuelles, pourquoi voulez-vous qu'on demande à un juge la permission de ne plus en avoir ? D'ailleurs, on se sépare quand l'amour s'éteint, c'est tout. Il y a quelques décennies le mariage était « le plus beau jour de ma vie » et le divorce une honte. Aujourd'hui, deux personnes décident de vivre ensemble parce qu'elles s'entendent bien puis décident de ne plus vivre ensemble quand elles ne s'entendent plus. Avant les années 1970, les femmes étaient heureuses de donner un fils à leur mari, aujourd'hui elles cherchent à donner un père à leur enfant, puisqu'on approche les 60 % de naissances hors mariage.

La grossesse et l'accouchement n'ont plus la même charge affective. Avant 1970, les femmes acceptaient d'accoucher dans la douleur (*in dolore paries*), pour accomplir une mission sacrée. Au XXIe siècle, elles réalisent plutôt un accomplissement personnel quand elles mettent au monde un bébé : « Ça vaut la peine d'avoir un corps de femme. » Grâce à la technologie, elles contrôlent mieux l'épreuve de l'accouchement et éprouvent moins la peur de perdre le bébé : en 1900, 15 % des bébés mouraient dans les premiers mois, contre 1 à 3 ‰ en 2020. Au début de mes études en médecine, dans les années 1950, j'ai plusieurs fois entendu : « Monsieur, choisissez : la mère ou l'enfant ? », qui annonçait la mort inévitable de l'un des deux.

Ces témoignages et ces chiffres illustrent une seule idée : toute invention technique qui modifie les conditions matérielles de l'existence métamorphose le sens qu'on attribue aux faits. On ne met plus un enfant au monde, un garçon de préférence, pour aller à la guerre, aider le père aux champs ou descendre à la mine, on satisfait plutôt un désir d'enfant pour vivre une aventure affective et donner sens à sa vie. Depuis que les femmes maîtrisent plutôt bien la fécondité, elles ne sont plus accablées de grossesses et désespérées par la mort de leur bébé. Elles désirent mettre au monde 1,7 enfant et, comme elles vivent presque jusqu'à 100 ans, elles veulent consacrer les 98 ans restants à épanouir leur personne et à profiter de la vie. On est loin de la vallée de larmes qui caractérisait leur bref passage sur terre.

Le sens qu'on attribue au fait modifie la manière de le ressentir. Être mis en prison par la société parce qu'on a volé un pain est une oppression intolérable qui transforme chaque minute en torture et plante la haine dans l'âme. S'enfermer soi-même dans le même espace clos pour écrire un roman ou côtoyer Dieu accorde à cet isolement un sentiment de bonheur.

Les femmes ne sont plus consacrées, réduites à la maternité. La « pilule » est une arme qui leur donne cette liberté. Les effets secondaires sont rarement graves, les accidents vasculaires ne dépassent pas 0,1 %. Ce qui gêne ces jeunes femmes, c'est l'agréable alanguissement provoqué par la progestérone, l'hormone qui permet la maternité. Cette substance, en bloquant l'ovulation, crée en même temps une émotion de sérénité qui diminue la combativité nécessaire à l'aventure sociale. Les femmes ne sont plus ce qu'elles étaient, la technologie des hormones les rend maîtresses de leur destin. La hiérarchie de leurs valeurs morales vient de changer. Elles ne veulent plus être réduites à la fonction de porteuse d'enfant, annexe d'un mari donné par la société. Elles veulent devenir des personnes actrices de leur condition humaine.

Pendant des millénaires, les mythes ont organisé les familles et les sociétés. On disait : « Un enfant n'a qu'une mère et un seul père. » Les comparaisons transculturelles nous font comprendre qu'un enfant peut avoir plusieurs pères : celui qui a planté le spermatozoïde et un autre qui peut acquérir un effet paternel en s'attachant et en s'occupant de cet enfant. Notre culture peut disposer autour de l'enfant plusieurs mères : celle qui a porté l'enfant et celle qui s'y attache et l'élève, comme dans la situation de l'adoption ou de la gestation pour autrui. On considère maintenant qu'autour de l'image maternelle primordiale gravitent d'autres images maternelles secondaires dans les crèches ou à l'école maternelle. La mère est en fait une constellation de femmes, l'une primordiale s'imprègne dans la mémoire biologique de l'enfant et d'autres s'imprègnent aussi, mais après la première figure, et moins profondément dans l'âme du petit[1].

Les découvertes techniques et l'évolution des principes éducatifs rejoignent curieusement les mythes des sociétés dites primitives. Chez les Baruyas, les agriculteurs-chasseurs de Nouvelle-Guinée, tous les hommes du côté paternel sont considérés comme pères de l'enfant. Les femmes du côté de la mère sont toutes ses mères[2]. Une telle structure de parenté rend l'enfant moins lourd à porter puisque de nombreux adultes s'associent et se relaient autour de lui. « La façon dont une famille se forme et fonctionne est le résultat de son histoire et de sa culture[3]. »

La technologie n'est donc pas radicalement coupée des mythes. Ces deux langues racontent comment il faut faire une famille. Dans de nombreuses cultures les familles étendues réunissent sous un même toit les grands-parents, les jeunes parents, les conjoints et tous

---

1. Bowlby J., *Attachement et perte*, t. I : *L'Attachement*, Paris, PUF, 1978, p. 286-303.
2. Godelier M., *La Production des Grands Hommes*, Paris, Fayard, 1984, p. 345.
3. Deliège R., *Les Intouchables en Inde. Des castes d'exclus*, Paris, Imago, 1995.

les enfants issus de ces couples, comme c'est encore le cas en Inde, en Afrique et en Amérique du Sud. Dans certaines cultures, il est moral de demander à un homme d'épouser plusieurs femmes (« La petite Aïcha est seule à 15 ans, tu devrais l'épouser pour l'intégrer dans notre foyer »), c'est de moins en moins le cas dans le monde arabe, mais ça existe encore en Asie musulmane et en Mélanésie. Dans ces familles polymaternelles, les enfants ont beau savoir qu'ils ne sont pas nés de la même mère, ils se considèrent comme frères et sœurs, s'attachent, se disputent et s'interdisent l'inceste. La technologie qui structure les familles s'associe aux mythes pour donner à cette manière de vivre ensemble la forme d'un récit.

Il y a 110 000 ans, en quelques années, s'est installée une brutale glaciation[1]. Quand les végétaux ont disparu, la survie n'a été possible que grâce au courage physique et à la force de quelques hommes qui ont osé tuer les grands animaux pour les manger. L'invention d'armes et d'outils confiés à ces hommes dans un tel contexte écologique a attribué à la violence virile une valeur morale : « Ils tuent pour que l'on vive. » Les progrès techniques, en améliorant les armes, ont créé une caste, un groupe d'hommes qui ont pris le pouvoir grâce à leur intelligence, leur force physique, leur brutalité et les manigances qu'on appelle encore l'art de la

---

1. Michel F., *Roches et paysages. Reflets de l'histoire de la Terre*, Paris, Belin, 2005.

politique[1]. La violence virile a perdu sa valeur de survie. Dans un pays en paix, elle n'est que destruction de la famille, des femmes et des enfants. Mais dans un pays en guerre, cette violence garde une valeur adaptative. On encourage la violence des garçons, on les héroïse, et les filles, de plus en plus guerrières, prennent leur place dans les armées.

Dans cette nouvelle écologie, le couple n'est plus contraint à la solidarité. Quand je suis arrivé au monde, avant la Seconde Guerre mondiale, il n'y avait ni caisse de retraite ni Sécurité sociale. La seule solidarité venait du couple, qui signait à la fois un contrat de mariage et un contrat social. Aujourd'hui, l'épanouissement des femmes, les conditions de travail et les styles éducatifs invitent les couples à signer un contrat affectif qui dure tant que dure l'affection. Une femme peut vivre sans homme et comme les métiers sont désexualisés, un homme peut apprendre à vivre sans femme : triste liberté. La complémentarité des couples : « Je fais ce que tu ne peux pas faire, je te donne ce que tu n'as pas », ce contrat de couple que signaient nos grands-parents est aujourd'hui remplacé par la rivalité mimétique[2] : « J'en fais plus que toi... Je gagne moins... » Dans ce nouveau fonctionnement, on sait à quoi sert un corps de femme : il attire les hommes, il porte les

---

1. Marchand P. (dir.), *L'Aube des civilisations*, Paris, Gallimard/Larousse, 1991.
2. Girard R., *La Violence et le Sacré*, Paris, Grasset & Fasquelle, 1972.

enfants et, depuis peu, il participe à l'aventure sociale. Mais un corps d'homme, à quoi sert aujourd'hui un corps d'homme ?

Survivre n'est pas s'épanouir

95 % de tous les animaux qui habitaient la Terre il y a 300 à 400 millions d'années ont été éliminés. Parmi la dizaine d'hommes préhistoriques qui sont nés il y a 1 million d'années avec Monsieur *Erectus*, seuls Cro-Magnon, né il y a 40 000 ans, est encore vivant. Monsieur mesurait 2 mètres et mourait à 35 ans, son cerveau était plus gros que celui des hommes d'aujourd'hui, mais ce qui a permis au couple Cro-Magnon de peupler la Terre, c'est son ingéniosité à inventer des outils et à manipuler des armes. La violence des hommes associée à la fécondité des dames a assuré la survie et l'expansion sur la planète. Aujourd'hui, la violence qui nous a sauvés est devenue une malédiction, et la fécondité est réduite à la portion congrue. Depuis trois générations, nous vivons à peu près en paix en France. Les femmes ne meurent plus en couches ni les hommes au combat. Est-ce pour cela que l'aventure humaine n'a plus besoin d'être sexuée ?

Depuis que la Convention, en 1792, a considéré que le mariage était un contrat entre deux personnes, la puissance paternelle a moins été mise en lumière et les femmes, en majorité, osent demander le divorce[1]. Elles rêvent de mariage, puis elles souhaitent se séparer quand elles découvrent à quel point il est difficile de vivre avec un homme qui a été éduqué ou formaté pour la violence. Plus la personnalité des femmes s'épanouit dans les sociétés civilisées, plus la force virile est dévalorisée.

Les machines participent à ce processus de dévirilisation car elles sont plus puissantes que les muscles des hommes et la force civilisatrice se trouve aujourd'hui dans la parole et l'art de la relation plus que dans le passage à l'acte qui faisait taire les dominés. La différence des sexes perd son intérêt. Elle est encore utile pour l'érotisme hétérosexuel et pour la fabrication des enfants mais, là aussi, les machines deviennent performantes. Les poupées gonflables donnent à certains hommes un leurre de tendresse et une libération de l'affectivité puisque, avec une poupée, ils n'ont pas à faire les efforts relationnels nécessaires avec une femme. Les godemichés électriques donnent aux femmes un plaisir physique supérieur à celui que peut donner un homme mais, comme elles ne vont pas au restaurant avec un godemiché, elles prennent un amant pour cet usage. Les utérus artificiels, les couveuses parviennent à

---

1. Rauch A., *Le Premier Sexe. Mutations et crise de l'identité masculine*, Paris, Hachette, 2000, p. 85-87.

sauver des bébés âgés de 22 semaines, mais la machine à faire des bébés doit encore faire des progrès puisque, aujourd'hui, elle ne parvient à maintenir en vie un embryon humain que jusqu'au cinquième jour. Chez les souris, en revanche, une machine vaut un utérus puisqu'elle parvient à maintenir en vie un souriceau jusqu'au terme. On prévoit que cette performance sera réalisable chez les êtres humains dans une vingtaine d'années. Alors, on pourra prendre un spermatozoïde de Roméo et un ovule de Juliette, réaliser une fécondation en éprouvette, confier l'embryon à une machine et, neuf mois plus tard, les jeunes amants verront naître leur bébé, sans jamais avoir eu de relations sexuelles. Une immaculée conception ! Grâce soit rendue aux machines ! « Les différences entre les sexes et les générations sont remises en question. Qu'est-ce qu'un père ? Qu'est-ce qu'une mère ? Tous les socles anthropologiques se fissurent[1]. »

Les filles s'affirment à l'école où elles obtiennent de meilleurs résultats que les garçons. La mixité les aguerrit au contact de la brutalité des petits garçons qu'elles affrontent sans crainte. La plupart des garçons se féminisent à l'école où on cherche à leur fait perdre leur aptitude à la violence dont ils n'ont plus besoin pour se préparer à la guerre, descendre à la mine ou aller à l'usine dix heures par jour.

---

1. Ansermet F., Magistretti P., *Les Énigmes du plaisir*, Odile Jacob, 2010.

Au début des années 1950, quand j'ai dit à mes copains d'Argenteuil que je voulais faire des études, j'ai provoqué un étonnement condescendant. L'un d'eux, que j'admirais à cause de ses performances à la course à pied, m'a vivement reproché : « Il n'y a que les filles et les pédés qui font des études. Un homme, un vrai, va à l'usine et ne se plaint pas. » Il avait 15 ans, était plâtrier, venait de s'acheter un vélomoteur et une guitare et était fier de donner tout son salaire à sa mère. Je ne sais pas s'il me plaignait ou me méprisait d'apprendre le latin et d'employer les mots prétentieux des philosophes.

À cette époque l'école des filles les préparait à devenir la compagne d'un homme, la fée du logis, en leur enseignant la cuisine, la couture, la morale maternelle et la vertu religieuse. Les garçons apprenaient le droit ou la médecine, où les filles arrivaient timidement. Ça ne veut pas dire qu'elles n'aimaient pas la cuisine, la couture ou la morale religieuse, ça veut dire que la société les formait pour en faire la femme d'un homme. Dans les bonnes familles, on mettait les garçons en pension dès l'âge de 7 ans où, privés d'affection, brutalisés par une institution sans tendresse, les petits garçons devenaient énurétiques et agressifs. Tel était le prix de leur réussite sociale. Ils avaient le choix entre la brutalité qui leur donnait accès à un certain pouvoir et la rébellion qui les désocialisait. Les femmes n'avaient pas le choix, elles étaient des maîtresses désirées et des mères vénérées quand elles acceptaient de devenir de douces compagnes. Sinon, elles étaient rejetées et méprisées. Beaucoup de femmes ont accepté ce statut de second sexe, fée du foyer, et parfois s'y sont trouvées heureuses.

La culture de la brutalité qui donne aux garçons le pouvoir et aux filles le bonheur dans la servitude a abouti au sublime absurde du fascisme. « La culture du corps où se confondent culte de la force et de la virilité, passion pour la beauté et la puissance[1] » a été encensée dans les années 1930 par toute une littérature, par des films et par des stéréotypes qui valorisaient la brutalité des garçons et l'esthétique des filles. Dans un tel contexte, la violence ne pouvait pas être criminalisée puisqu'elle était éducative, hiérarchisante et source de valeur morale. Cet éthos met en lumière une manière de dominer qui explique l'étonnant bonheur des nazis à Auschwitz quand ils faisaient la fête au milieu des charniers, l'étonnant bonheur de celui qui éprouve un plaisir physique à écraser un dominé, l'étonnant bonheur de celui qui se sert de ses connaissances pour humilier celui qui n'a pas pu les acquérir.

Les femmes devaient mettre au monde des enfants pour assurer la survie de l'espèce. Aujourd'hui, elles sont fières de montrer leur gros bidon de femme

---

1. Rauch A., *Histoire du premier sexe. De la Révolution à nos jours*, Paris, Hachette, « Pluriel », 2006, p. 350.

enceinte qui prouve leur accomplissement féminin. Les hommes devaient être violents pour assurer la survie du groupe. Aujourd'hui, quand ils veulent devenir pères, ils doivent tisser un lien affectif. Mais il est difficile de répondre à la question : « Qu'est-ce qu'un père ? » parce que ce mot désigne mille manières d'être un homme enfanteur. Ce mot renvoie à une charge sociale, à une manière d'aimer, à une place à prendre dans la famille et dans la société. Cette charge change à chaque variation climatique, technique, sociale et verbale. J'imagine qu'être désigné « père » à l'époque des chasseurs-cueilleurs correspond à ce que ressent un groupe de 30 à 50 personnes quand chacun pense : « Nous savons que tu as eu des relations sexuelles avec cette dame, tu es donc l'enfanteur probable, nous t'appellerons "père". » Cette désignation impliquait une responsabilité. Mais le fait de planter un enfant dans madame n'est pas suffisant pour circuiter une société. Il faut aussi nommer la rencontre sexuelle socialement recommandée (le mariage) et la rencontre interdite (l'inceste). Alors, le groupe prend forme, on peut y prendre place en toute sécurité et valeur morale. « La copulation sert à la procréation… Elle est aussi un ensemble de représentations et un ordre symbolique[1]. »

---

1. Bueb R., « L'inceste dans la doctrine pénale d'Ancien Régime », *in* Brobbel Dorsman A., Lapérou-Scheneider B., Kondratuk L. (dir.), *Genre, famille et vulnérabilité. Mélanges en l'honneur de Catherine Philippe*, Paris, L'Harmattan, 2017, p. 177-191.

Si la notion d'inceste n'existait pas, on pourrait savoir qui est l'enfanteur, mais on ne saurait pas quelle place lui attribuer dans la société. L'enfant qui naît d'un acte incestueux entre le père et sa fille est-il le fils ou le petit-fils de l'enfanteur ? S'il est né de l'accouplement d'un frère et d'une sœur, ses parents sont en même temps son oncle et sa tante. La confusion des rôles rendrait imprécis les codes relationnels. La famille deviendrait confuse et les rôles sociaux incertains.

Qui a le droit de dire : « Ceci est un inceste » ? Dans la dynastie des quinze Ptolémée dans la Haute Égypte, l'endogamie était la règle, la belle Cléopâtre en est issue. Arsinoé a été mariée à son frère qui, fou d'amour, faisait représenter son corps par des sculptures qui ont été exposées à Paris au Petit Palais. On dit que les Mazdéens des hauts plateaux iraniens pratiquaient l'inceste moral, ils restaient entre eux pour ne pas se mélanger avec les musulmans. Les Burgondes pensaient que l'inceste était moins grave que la « puanteur de l'adultère » qui faisait exploser les familles[1]. Il a fallu plusieurs siècles pour définir ce crime comme un acte sexuel, biologiquement possible mais socialement inacceptable. Ce qui est insupportable, c'est la rencontre entre apparentés, la mère et le fils, le père et la fille. Mais ce n'est pas toujours aussi clair. Quand Woody Allen a épousé Soon-Yi, certains ont parlé d'inceste

---

1. *Ibid.*

alors que les deux partenaires s'affirmaient innocents. Soon-Yi était une petite fille coréenne abandonnée dans la rue, que l'actrice Mia Farrow avait adoptée et élevée avec son premier mari. Quand, plus tard, Mia a épousé Woody Allen, Soon-Yi avait presque 19 ans. À cause de ces conditions éducatives, ils ne se sentaient ni père ni fille. Pourtant Mia Farrow, la mère adoptive, partageait le même homme que Soon-Yi sa fille : il s'agissait donc, pour la société, d'un inceste de deuxième type[1]. Mais pour Woody et Soon-Yi, c'était un acte d'amour légal.

Il arrive que certains partenaires n'éprouvent absolument pas le sentiment de transgresser parce qu'ils ne se sentent pas apparentés. Jacques Anquetil était un coureur cycliste adulé par les foules. Son médecin du sport l'invite chez lui pour mieux le préparer physiquement. Un an plus tard, en 1954, le jeune homme âgé de 23 ans part avec la femme de son bienfaiteur. Quand ils se marient en 1958, Jacques est un « papa » très gai et très gentil avec la petite Annie, la fille de sa femme. Une quinzaine d'années plus tard, Jacques désire avoir « un enfant de son sang » que sa femme ne peut plus lui donner. Mais elle a une idée qui réjouit ce petit monde : il faut que Jacques fasse un enfant avec la petite Annie, qui va avoir 18 ans. Ce sera l'enfant de l'amour du foyer. À la demande de sa femme, Jacques,

---

1. Héritier F., Cyrulnik B., Naouri A., *De l'inceste*, Paris, Odile Jacob, 2000.

d'abord hésitant (« Ah non, surtout pas elle »), accepte d'entrer dans le lit de la jeune fille qu'il a élevée. Il y restera douze ans, il en naîtra Sophie. Les partenaires de cette belle histoire d'amour familial désirent publier leur aventure afin de partager leur bonheur avec la société[1]. Sauf que la société ne partage pas ce bonheur et parle d'inceste puisque Jacques a eu la charge éducative d'Annie. Deux femmes ont des relations sexuelles avec le même homme dont elles reçoivent le même fluide. « Je devais demander à la fille de mon premier mari de coucher avec mon second mari pour qu'il ait l'enfant que je ne pouvais [plus] lui donner[2]. »

Vous suivez ? D'accord ce n'est pas la clarté de l'ordre entre les générations, mais c'est une belle histoire d'amour, trop confuse pour la société. Annie, la « fille » de Jacques, devient la mère de Sophie, qui grandit dans ce foyer heureux. Personne ne pense à l'inceste, un rapport sexuel entre apparentés, puisque la mère d'Annie n'est pas la rivale de sa fille et que la maîtresse de Jacques n'est pas sa fille biologique. Elle a simplement été élevée par son amant. Annie n'est que la maîtresse de cet homme vénéré par les foules, mari de sa mère et éducateur chaleureux. Où est le drame ? Pas dans ce foyer, qui n'y voit qu'un bel amour innocent qui mérite d'être publié, alors que la société y

---

1. Anquetil S., *Pour l'amour de Jacques*, Paris, Grasset, 2004.
2. *Ibid.*

voit un trouble dans l'ordre social, une confusion des rôles sexuels. Quand un énoncé religieux ou social dit : « Je vous déclare mari et femme », la société voit clair. Toute relation sexuelle en dehors de cet énoncé sera nommée adultère ou inceste. Quand l'ordre n'est plus respecté, comment fait-on pour se comporter sexuellement et se sentir responsable moralement ? La famille Anquetil, le père, la mère, la fille née d'un premier mariage et aimée par un deuxième couple parental et la petite fille née de ces générations démantelées illustrent la hiérarchie des valeurs morales. Chez les Burgondes, au Ve siècle, les mariages entre aristocrates catholiques, wisigoths et ariens structuraient la société que l'adultère pouvait déchirer[1]. On s'entre-tuait beaucoup dans ces familles nobles, on se décapitait fréquemment en cas d'adultère.

Ces exemples illustrent comment une structure sociale est réalisée par la transaction entre un acte sexuel qui fabrique biologiquement une descendance et un énoncé qui désigne cet acte. Ce scénario est recommandé quand il se passe dans les liens du mariage et interdit en le nommant « inceste » ou « adultère » quand il brouille les structures de parenté. Il faut souligner que cette transaction bioculturelle n'est pas la même selon le sexe. Les femmes savent, préverbalement,

---

1. Kupper J.-L., Marchandisse A. (dir.), *À l'ombre du pouvoir*, Liège, Presses universitaires de Liège, 2003.

qu'elles vont être mères, l'annonce se fait dans leur corps. C'est dans l'énoncé, dans la parole d'une femme qu'un homme apprend qu'il va être père et c'est un récit culturel qui lui dicte comment il devra prendre sa place dans le foyer.

À l'époque de Monsieur *Sapiens*, l'annonce disait peut-être : « Nous savons que tu as eu des relations sexuelles avec cette dame, tu es concerné par l'arrivée de son bébé. » Chez les Amérindiens, l'homme qui est nommé « père » est celui qui a des relations sexuelles avec une femme rendue enceinte par la rencontre avec un homme précédent. Chez les aristocrates, l'acte fécondant sert à construire une lignée qui maintient le pouvoir. Les romans d'Émile Zola racontent comment un père est une brute courageuse qui impose dans sa famille la loi de l'État ou de l'Église avant de mourir à la guerre ou au fond des mines, entouré par la crainte et l'estime des siens. Au XXe siècle, les épouses imposent leur ordre dans le foyer en transformant leur mari en père Fouettard : « Si tu ne m'obéis pas, je le dirai à ton père, et tu vas voir la raclée. » Au XXIe siècle, l'épanouissement des femmes, la nouvelle fonction du sexe qui sert de moins en moins à faire du social et de plus en plus à produire du plaisir, la désexualisation du travail, ont du mal à dire comment un homme aujourd'hui doit devenir père. Certains ne le savent même pas ou ne veulent pas l'assumer, ils seront dénoncés par un test ADN qui les obligera à reconnaître l'enfant, sans forcément devenir un père affectif ou éducatif (un père-chèque en quelque sorte). Un homme peut aujourd'hui être condamné à être père dans un contexte légal où une femme n'est plus condamnée à être mère et peut même abandonner le bébé qu'elle vient de mettre au monde.

On a bien du mal à définir le nouveau père. Est-ce l'homme à qui l'on demande d'assister à l'accouchement de sa femme ? Certains souffrent de couvades quand ils ont les mêmes troubles que leur femme enceinte. Certains sont bouleversés en voyant leur enfant arriver au monde et parfois tombent dans les pommes. On est loin de l'homme qui chasse pendant que sa femme accouche ou de celui que les sages-femmes repoussent pour l'empêcher d'assister à l'accouchement. Cette nouvelle place du père est liée à un ensemble de transformations sociétales, éducatives, juridiques et culturelles. En changeant le milieu verbal qui entoure les hommes aujourd'hui, on change la place du père. Le père « chef de famille » n'était jamais dans sa famille. Sa femme, en tant que contremaître, lui faisait des rapports et c'est lui qui décidait. Peut-être est-ce pour ça qu'il avait tant d'autorité ? Un père toujours présent devient familier, il n'intimide plus et perd de son autorité. D'autant plus que sa femme ne parle plus de lui avec crainte et révérence. Les enfants n'entendent plus : « Attention papa va rentrer » ou : « Taisez-vous, papa se repose. » Les mères sont de moins en moins à la maison, elles partent le matin, comme les hommes, et rentrent le soir, épuisées, avec un souci domestique plus lourd que celui de leur mari. À l'époque où la psychanalyse dominait la culture, on disait que la fonction du père consistait à séparer l'enfant de sa mère de façon à lui permettre d'échapper à son monopole affectif. Le petit devait apprendre à aimer deux figures d'attachement différentes et associées. Cette explication est soutenue aussi par des non-psychanalystes, parce qu'elle est pertinente[1]. À ceci près que les figures d'attachement sont moins différenciées selon le sexe. Il n'est pas rare de voir une mère autoritaire qui rentre du travail et impose sa loi, tandis que le père console l'enfant et adoucit l'autorité maternelle. Est-ce à dire que l'enfant se développera plus mal ? Ce qui compte, c'est qu'il apprenne à aimer deux figures d'attachement différentes, deux et même plus : le système familial le plus protecteur est celui d'une niche affective où l'enfant trouvera plusieurs attachements différents, comme le répète John Bowlby depuis 1950[2]. Ce qui revient à dire qu'un foyer hétérosexuel n'est pas plus performant qu'une famille homosexuelle composée par plusieurs figures d'attachement.

La désexualisation des rôles parentaux n'empêche pas l'asymétrie des sexes. Dans un couple hétéro, la

---

1. Le Camus J., *Un père pour grandir. Essai sur la paternité*, Paris, Robert Laffont, 2011.
2. Bowlby J., *Attachement et perte*, Paris, PUF, 1978-1982, 3 tomes.

femme qui travaille dans la société passe 91 minutes par jour avec son enfant, contre 41 minutes pour l'homme[1], soit plus du double. Formulé ainsi, on a l'impression que les mères se consacrent beaucoup plus à leur enfant. Mais 50 minutes de relation affective avec son enfant, est-ce une contrainte ou un privilège ? En cas de divorce, la majorité des pères pensent qu'ils sont privés de leur enfant par les juges, qui attribuent aux mères la garde de l'enfant dans plus de 80 % des séparations. Le congé paternel, en France, est mieux suivi dans la fonction publique (88 %) que chez les indépendants (32 %) où le patron dit à son employé : « Ce n'est pas toi qui donnes le sein. » Et, pourtant, on sait que le congé paternité améliore la relation du couple et l'épanouissement de l'enfant.

L'écologie verbale constitue un milieu qui prescrit des comportements aux mères et aux pères. Les énoncés ne cessent de changer selon les individus, l'entente des couples, les niveaux sociaux et les débats culturels[2]. Cependant, le sexe féminin garde un privilège affectif. Même quand les mères partent au travail le matin et ont moins de contacts quotidiens que les maris qui restent à la maison et participent aux interactions précoces dans 90 % des cas (toilettes, nourriture, jeux),

---

1. Olano M., « Vers de nouveaux modèles paternels », *Sciences humaines*, avril 2019, 313, p. 46.
2. Lamb M. E. *et al.*, « Security of mother- and father-infant attachment and its relation to sociability with strangers in traditional and nontraditional Swedish families », *Infant Behavior and Development*, 1982, 5 (2-4), p. 355-367.

les mères gardent un effet sécurisant supérieur à celui des pères[1]. Mais cet effet varie selon les circonstances : quand les deux parents sont fusionnels, les enfants se tiennent à distance. Quand ils demeurent avec un seul parent, ils se rapprochent de lui et augmentent leurs interactions affectives. Quand le père s'éloigne de son bébé sécurisé, celui-ci manifeste un désespoir plus grand que lorsque la mère s'éloigne[2] mais, quand le petit est malade, il s'accroche à sa mère plus qu'à son père. Les variables sont tellement nombreuses et parfois opposées qu'il est difficile d'affirmer qu'une seule cause provoque un seul effet. Les circonstances participent à l'attribution d'un effet affectif à une situation. C'est ainsi que l'on constate que les enfants placés en pension rêvent de passer leur dimanche en famille, alors que ceux qui passent la semaine avec leurs parents aspirent à faire une activité loin d'eux le dimanche.

Notre culture relativise les rôles sexuels dans l'éducation et les qualificatifs « féminin » et « masculin » sont de moins en moins caractérisants. Il y a pourtant un impératif biologique qui les empêche d'être équivalents : quand les hommes et les femmes ont des relations sexuelles, statistiquement, ce sont les femmes qui sont enceintes ! Il n'y a pas de parité. Certains chercheurs ont réfléchi aux conditions qui permettraient

---
1. Le Camus J., *Un père pour grandir*, op. cit.
2. Lamb M. E., « The development of mother-infant and father-infant attachment in the second year of life », *Developmental Psychology*, 1977, 13 (6), p. 637-648.

une grossesse masculine. En théorie, elle est possible. On sait faire une transplantation utérine. Il suffit de prélever un utérus chez une donneuse et de le greffer dans le ventre d'une autre femme qui en est dépourvue (1 naissance sur 4 500). On l'amarre aux ligaments du bassin, on dérive quelques artères à partir de l'iliaque qui passe pas loin, on donne des hormones féminines et des médicaments antirejet, on fait une fécondation *in vitro*, on plante les premières divisions cellulaires dans le greffon et il ne reste à la dame qu'à porter l'enfant jusqu'à son terme. Le même artisanat serait réalisable chez un homme. Imaginons qu'on plante l'utérus fécondé dans l'abdomen de l'homme ou qu'on l'agrafe sur l'albuginée, une enveloppe conjonctive qui entoure les testicules. On injecte des hormones féminines au début en attendant que le placenta prenne le relais en sécrétant lui-même les hormones nécessaires au maintien de la grossesse. Jusque-là, pas de problème. Quand arrivera l'heure de l'accouchement, si l'utérus gravide a été greffé dans l'abdomen de l'homme, on fera une césarienne, et s'il a été greffé sur l'albuginée d'un testicule on offrira une brouette. Alors seulement on pourra parler de parité.

Finalement, peut-on dire que la condition masculine est en crise ? Ou s'agit-il d'une évolution adaptative aux variations du milieu ? Le mâle et la femelle humaine subissent depuis toujours les pressions climatiques, hormonales, sensorielles et sociales.

Les hommes, à qui la grossesse est épargnée, subissent principalement les pressions verbales qui racontent ce qu'est un homme et ce qu'est un père. Ils entendent les mots qui dénoncent l'inceste, ils écoutent les récits qui exposent la condition de père. Les nouveaux pères qui viennent d'arriver au monde sont moins soucieux de virilité et plus attentifs à l'affection. Est-ce une mauvaise affaire ? Peu d'hommes regrettent l'époque où ils devaient s'engager dans n'importe quelle armée ou bien travailler quinze heures par jour dans des conditions de torture physique, sans voir la lumière, et puis donner tout l'argent à leur femme. On les applaudissait, on les héroïsait, on leur donnait tous les pouvoirs en attendant la silicose qui les emportait à la cinquantaine. Était-ce vraiment une bonne affaire ?

Il y a deux générations, les rôles socio-sexués étaient stéréotypés. Papa-pélican partait le matin chercher la nourriture, il travaillait au loin, avait peu de relations affectives, il était courageux, généreux, autoritaire et parfois violent. Maman-gâteau à la maison était toujours disponible, en tablier de cuisine, affective, sécurisante et parfois étouffante.

Sexe relatif

Si on raisonne en termes écologiques où un potentiel cellulaire subit constamment les pressions de son habitat, jusqu'à aboutir à un aspect mâle ou femelle, masculin ou féminin, nous pourrions nous faire une nouvelle image des développements sexuels.

L'histoire des idées scientifiques n'est pas toujours logique. Le très jeune Sigmund Freud fut l'un des premiers à se poser la question ainsi. Il avait 20 ans, en 1876, quand il fut envoyé au laboratoire de biologie marine à Trieste pour étudier la sexualité... des anguilles. Le professeur Carl Claus avait repéré ce brillant jeune homme et lui avait obtenu une bourse afin qu'il réponde à la question que tout le monde se pose : où sont passés les testicules des anguilles ? La zoologie, en cette fin du XIXe siècle, était source d'un grand nombre de publications scientifiques rendues possibles par le perfectionnement des microscopes et de la coloration des cellules. Le docteur Syrski, naturaliste polonais, avait constaté qu'il n'y avait pas de mâle chez les anguilles et avait fait l'hypothèse en 1874 que l'organe lobé des ovaires était en fait un précurseur des testicules. Le jeune Freud, qui était déjà un excellent histologiste[1], disséqua

---

1. Histologie : étude de l'agencement des cellules en tissus organiques.

400 anguilles d'apparence femelle et proposa en conclusion que « l'organe lobé [...] se présente comme un organe immature, et de tels changements cellulaires [...] pourraient conduire à la formation de spermatozoïdes qui peuvent encore advenir dans une maturation ultérieure[1] ». Vous avez bien lu : un ovaire pourrait donner plus tard des spermatozoïdes ! Les organes lobés décrits par Syrski et Freud seraient des testicules immatures ! Une telle phrase prouve l'évolutionnisme de Freud, qui accepte l'idée qu'un organe femelle peut changer de forme et de fonction selon son développement.

Le patron du jeune Freud publia ce travail en 1877 à l'Institut de zoologie et d'anatomie comparée de l'Université de Vienne, car Trieste, à cette époque, n'était pas en Italie. Le professeur Carl Claus a fortement insisté pour que Freud écrive : « Personne n'a jamais découvert une anguille mâle adulte [...], personne n'a jamais vu [...] les testicules de l'anguille[2] », ce qui était une déformation des conclusions du jeune chercheur. Freud, mécontent, ne citera plus jamais son patron[3], alors que toute sa vie Carl Claus a envoyé régulièrement à Freud tout ce qui se publiait sur Darwin. On peut encore voir ces livres au premier étage de la

---
1. Freud S., « Observations de la conformation de l'organe lobé de l'anguille décrit comme glande germinale mâle », in P. Fédida et al. (dir.), *Les Évolutions. Phylogenèse de l'individuation*, Paris, PUF, 1994, p. 17.
2. Cité in This B., « Freud, les anguilles... et la bisexualité », *Le Coq-Héron*, 2013/4, 215, p. 131-136. Archives du *Coq-Héron*, mars 1974, 44.
3. Jones E., *La vie et l'œuvre de Sigmund Freud*, Paris, PUF, 2006, 3 tomes.

maison de Freud à Hampstead dans la banlieue de Londres. Ironie du sort, cette publication valut à Freud le prestigieux prix Goethe, attribué en 1936 par la ville de Francfort pour ce travail naturaliste[1]. Michel Fontaine injectait des hormones mâles à des civelles, alevins d'anguilles, et constatait qu'en vieillissant, les petits femelles se transformaient en mâles[2]. Le déterminisme génétique du sexe n'est donc pas inexorable et d'autres pressions peuvent orienter vers une anatomie plus ou moins mâle ou femelle.

La pensée fixiste de ceux qui désirent qu'un homme et une femme soient radicalement différents était mise en cause par la pensée évolutionniste qui propose l'idée qu'un déterminant génétique est constamment tutorisé dans mille directions différentes selon les pressions écologiques.

Aujourd'hui, la girelle à tête bleue confirme le travail du jeune Freud et démontre que le milieu peut changer les métabolismes et même les anatomies[3]. Dans un banc de girelles, les femelles sont nombreuses, petites et jaunes. Le mâle, plus gros, est reconnaissable grâce à sa tête bleue entourée d'une collerette noire. Il suffit d'enlever le mâle de ce banc pour observer qu'une femelle jaune va rapidement prendre la forme

---
1. Sulloway F. J., *Freud, biologiste de l'esprit*, Paris, Fayard, 1981.
2. Fontaine Y.-A., *Les anguilles et les hommes*, Paris, Odile Jacob, 2001.
3. Geffroy B., Douhard M., « The adaptative sex in stressful environment », *Trends in Ecology and Evolution*, 2019.

et la couleur d'un mâle. À la dissection, les ovaires de cette ancienne femelle sont atrophiés et des testicules sont apparus. Une simple modification du milieu (enlever un mâle bleu) a stimulé le cerveau d'une femelle. L'augmentation des sécrétions d'hormone mâle a modifié les métabolismes et, dix jours plus tard, la femelle est devenue mâle, ses ovaires matures se sont transformés en testicules[1]. La simple présence d'un mâle avec son volume, ses couleurs bleues et noires constitue une stimulation sensorielle perçue par chaque femelle du banc. Il suffit d'enlever ce stimulus pour qu'une femelle devienne mâle à son tour. La simple présence d'un mâle inhibe le potentiel mâle des femelles et rend femelle les femelles qui auraient pu devenir mâles. Les cerveaux ne changent pas, et pourtant les morphologies et les comportements peuvent devenir très différents.

Il y a soixante-dix ans que l'on sait qu'en modifiant les hormones on modifie les corps et les comportements tels que l'agression ou la reproduction. Un chiot mâle à qui on injecte de la testostérone peu après sa naissance lève la patte en urinant comme le font les adultes[2]. Un très jeune rat mâle chez qui on augmente la testostérone chevauche les femelles alors que ses gonades ne sont pas encore capables de reproduction.

---

1. Geffroy B., Douhard M., « Quand la girelle à tête bleue change de sexe », *La Recherche*, 2019, 551, p. 12-14.
2. Freud J., Uyldert I. E., « Micturition and copulation behavior patterns in dogs », *Acta Brevia. Neerl. Physiol. Pharmacol. Microbiol.*, 1948, 16 (1-4), p. 49-53.

Des petites femelles rates âgées de 21 jours à qui on injecte de la folliculine se mettent facilement en posture de lordose pour accepter l'accouplement[1]. « Des femelles de diamant tacheté à la suite d'un traitement avec des hormones sexuelles mâles se mettent à siffler des chants mâles entendus pendant leur jeunesse[2]. » Les groupes unisexués de mammifères font leur puberté plus tard que les groupes bisexués puisque la simple présence d'un mâle modifie les sécrétions hormonales des femelles.

Depuis les années 1950, de nombreuses observations et expérimentations démontrent qu'un même cerveau, stimulé par des informations variables selon le milieu, induit la sécrétion d'hormones qui provoquent des morphologies et des comportements sexuels très différents. Ces données scientifiques sont difficilement acceptées par les cultures dont le cadre de pensée reste encore binaire : tout ce qui n'est pas homme est femme.

Les campagnols nous ont pourtant bien expliqué que, lorsque l'écologie est clémente, ces petits rongeurs sécrètent beaucoup d'ocytocine qui renforce l'attachement dans le couple et avec les petits. Alors que lorsque le milieu est rude, les hormones du stress se fixent sur le système limbique, qui provoque des réactions d'alerte

---

1. Beach F. A., « Evolutionary changes in the physiological control of making behavior in mammals », *Psych. Rev.*, 1947, 54 (6), p. 297-315.
2. Immelmann K. (1959), cité *in* Eibl-Eibesfeldt I., *Éthologie. Biologie du comportement*, Paris, Naturalia et Biologica, Éditions scientifiques, 1972, p. 217.

freinant le tissage de l'attachement. Les toupayes nous avaient aidé à faire un constat de même type en nous démontrant qu'une femelle enceinte dans un milieu stressant tue les petits qu'elle a mis au monde, comme si elle n'avait plus la force de s'en occuper. « Le stress produit un retard de croissance [...] chez la femelle, la fonction lactifère est perturbée [...] lorsque le stress est particulièrement fort, les femelles ne se reproduisent plus, montrent une masculinisation de comportement, et chevauchent les animaux de la cage[1]. »

Qu'il s'agisse de poissons, de tortues ou de mammifères, une idée émerge de ces observations : le cerveau ne change pas, c'est sous l'effet des stimulations écologiques que la sécrétion des neuro-hormones modifie les corps et les comportements sexuels. Les analyses épigénétiques récentes précisent qu'une variation de milieu peut même changer l'expression de l'ADN. Les gènes non codants sont directement influencés par les stimulations du milieu, l'alimentation, le sommeil, l'activité physique et les variations de lumière. Les êtres humains connaissent ces pressions biologiques, mais ils subissent aussi des stress provoqués par les conditions de travail, les conflits familiaux ou des récits angoissants. Les stress physiques et symboliques alertent

---

1. Autrum H., Holst D., « Sozialer "Stress" bei Tupajas (Tupaia glis) und seine Wirkung auf Wachstum Körpergewicht und Fortpflanzunf », *Zeitschrift für vergleichende Physiologie*, 1968, 58, p. 347-355, cité in Eibl-Eibesfeldt I., *Éthologie, biologie du comportement*, op. cit., p. 356.

l'organisme, qui sécrète des radicaux méthyl- (CH_3). En se fixant sur certaines zones de l'ADN, ils en modifient l'expression, mais ne touchent pas à l'organisation des gènes. L'ADN s'exprime autrement, mais il n'a pas muté. L'exemple classique est donné par les abeilles : lorsque la reine meurt, les ouvrières entourent une ouvrière, l'enveloppent de leurs stimulations tactiles, thermiques, chimiques et la nourrissent de gelée royale. Cette ouvrière rapidement devient grosse, immobile et fertile.

En retour, quand le milieu s'apaise, les radicaux méthyl- se diluent et disparaissent. Les gènes, désormais libérés, codent pour la synthèse d'une enzyme, l'aromatase, qui transforme la testostérone masculine en œstradiol féminin. La construction d'un sexe n'est donc pas inexorable, elle est sans cesse soumise aux aléas du milieu.

Quel pourrait bien être le bénéfice de la sexualité ? Quand deux sexes sont associés et différenciés, l'évolution adaptative se fait dès la première génération. À chaque accouplement, les parents mâles et femelles, en agençant leurs chromosomes de manière aléatoire, inventent un petit à partir de ce qu'ils sont. La population des enfants n'est pas tout à fait identique à celle des parents dont ils sont issus. Il ne s'agit donc pas d'une reproduction sexuelle, comme on le dit habituellement, il vaudrait mieux parler d'un agencement adaptatif. Quand le milieu varie, ce qu'il ne cesse de faire, une partie de la population des jeunes parvient à s'adapter, alors que si les enfants étaient rigoureusement identiques aux parents, c'est l'espèce entière qui disparaîtrait à chaque changement de milieu.

Le problème que pose le monde sexué, que ce soit celui des poissons, des reptiles ou des mammifères, c'est que les mâles, n'ayant pas à payer le prix de la grossesse et de l'investissement des petits, s'adaptent à moindre coût à un monde stressant. Les femelles ont besoin d'un monde paisible pour s'épanouir et régler les problèmes de la maternité. Dans un milieu difficile où elles sont toujours en alerte, leur cerveau répond en sécrétant de l'isotocine, une neuro-hormone qui active les comportements de territoire et d'agressivité, ce qui détruit les cellules germinales femelles, les ovocytes, comme si l'adaptation à un milieu difficile facilitait la masculinisation des tissus reproducteurs. Comme les mâles, les femelles deviennent agressives, elles manifestent des comportements de domination et de chevauchage cependant que leurs ovaires s'atrophient[1].

Privilégier les mâles en écologie difficile et faciliter le développement des femelles en milieu paisible offrirait une sorte de régulation des naissances, comme si les

---

1. Todd E. V., Ortega-Recalde O. *et al.*, « Stress, novel sex genes, and epigenetic reprogramming orchestrate socially controlled sex change », *Sci. Adv.*, 2019, 5 (7).

mécanismes naturels envoyaient ce message : le milieu est paisible, c'est le moment de faire des petits. Ou : le milieu est difficile, c'est le moment de masculiniser les organismes.

Si les progrès étaient linéaires, on pourrait imaginer une société parfaite où les femmes n'auraient plus besoin d'hommes pour vivre et faire des enfants. Dans les contextes écologiques et sociaux difficiles, la fertilité des femmes et des hommes diminue tandis que la mortalité des femmes et des enfants augmente, ce qu'on vérifie chez les animaux et chez les êtres humains. Dans un contexte difficile où les femelles ont du mal à se développer, l'évolution envoie les mâles au casse-pipe parce qu'ils ont moins de valeur de survie. Mais quand le milieu est paisible et bien organisé, les femelles s'épanouissent, transmettent une bonne vie et réduisent les mâles à la fonction d'inséminateurs.

Ces données animales pourraient-elles éclairer la condition humaine ? En 1989, après la chute du Mur, je suis allé à Bucarest avec Médecins du Monde. Quand nous avons découvert l'horreur des enfants placés dans les « orphelinats » de Ceausescu, nous étions sidérés, écœurés par l'altération organique et mentale de ces enfants jamais toilettés à qui personne ne parlait. On ne pouvait pas imaginer de milieu plus hostile pour ces enfants abandonnés. Je me souviens de réflexions d'éducateurs qui m'accompagnaient et demandaient : « Où sont les filles ? » « Elles sont là », nous répondait-on, mais on a du mal à faire la différence. « C'est probablement dû aux vêtements enfilés au hasard et à l'absence de maquillage », nous expliquait-on. Aujourd'hui, trente ans plus tard, on dirait que la carence affective avait vulnérabilisé tous les enfants et que les filles s'étaient adaptées à ce milieu d'horreur en se masculinisant.

J'ai eu le même témoignage au Québec, avec « les orphelins de Duplessis ». Ces enfants de la honte, nés de mères célibataires, avaient été placés entre 1940 et 1960 dans des orphelinats que les dirigeants avaient transformés en centres psychiatriques parce que le prix de journée était plus avantageux. Les hommes que j'ai rencontrés dans les années 2000 étaient petits, rustiques, disposaient d'un faible vocabulaire et avaient vieilli prématurément. De loin, je reconnaissais les femmes à leur ton de voix et à leurs vêtements peu sexués. Elles avaient intérêt à ne pas se montrer trop femelles afin d'être moins violées, m'a-t-on expliqué. C'était certainement vrai, mais je me souviens surtout de leur petite taille et de leur visage masculin.

J'ai pourtant rencontré un homme plus grand, au visage doux, qui m'a invité à déjeuner. Bruno Roy avait échappé à cette institution grâce à sœur Marie des Anges, qui avait triché pour l'aider à passer un test de quotient intellectuel (QI) et le faire adopter. Il était devenu professeur de littérature à l'Université de

Montréal et s'occupait de l'association des Orphelins de Duplessis[1]. S'il était resté au Mont-Providence où les enfants non éduqués, souvent violés, appelés abusivement « malades mentaux », s'occupaient des pensionnaires des hôpitaux psychiatriques et travaillaient dans des fermes en tant qu'ouvriers agricoles, aurait-il acquis cette grande taille et ce doux visage ? Il s'est présenté comme poète et même « poète hors père », puisqu'il ne connaissait pas ses origines. C'est alors que j'ai découvert que toute une population d'enfants, qui avaient subi une carence extrême dans un milieu d'une brutalité inouïe, avait acquis une morphologie étonnamment semblable : petits, membres courts, visages précocement vieillis et filles ressemblant à de rudes garçons.

Le milieu relationnel façonne le corps et l'âme bien plus qu'on le croyait. Il imprègne dans les gonades du bébé une aptitude à la sexualité et à la fertilité qu'il manifestera plus tard, quand il sera adolescent et adulte.

---

1. Roy B., *Mémoire d'asile. La tragédie des enfants de Duplessis*, Montréal, Boréal, 1994.

Construction sociale des silhouettes sexuelles

L'aventure humaine d'un bébé commence avant sa conception. Quand ses futurs parents se rencontrent, avant même de s'accoupler, ils préparent la première niche biologique où le spermatozoïde et l'ovule fusionnés vont déclencher les divisions cellulaires pour former un embryon. Au fur et à mesure de son développement, le fœtus habitera l'utérus de sa mère où il percevra les premières communications chimiques et sensorielles. Après sa naissance, il se blottira dans ses bras, établissant avec elle des interactions affectives. Et ce n'est que 1 000 jours plus tard, à la fin de sa deuxième année, qu'il entrera dans l'univers de la parole.

Si le couple des futurs parents a connu un bon développement, si le corps de la mère est prêt à accueillir le futur petit locataire, si ses relations avec son foyer sont stables et sécurisantes, on peut prédire que les jeunes parents composeront une première niche fortifiante pour l'embryon. Mais imaginons que la future mère soit âgée de 14 ans, chassée de son foyer par une famille maltraitante, qu'elle fume du cannabis et désire s'accoupler avec un garçon de 17 ans, fugueur, violent et sans métier, on peut prédire qu'ils vont composer une niche où les substances ingérées et les hormones du stress seront toxiques pour l'embryon. Les produits industriels inhalés ou avalés s'ajouteront au malheur de la mère pour altérer le circuitage des neurones cérébraux et des gonades de l'enfant qu'elle porte. Si la mère est rendue malheureuse par son histoire, son mari, sa précarité sociale ou par les épreuves de l'existence, son cortisol sanguin franchira la barrière du placenta et inondera le liquide amniotique. Le bébé qui déglutit ce liquide avalera de ce fait une cortisone toxique pour les neurones de son circuit limbique. Il arrivera au monde avec une altération de sa mémoire et de ses émotions, dont la source se trouve dans le malheur de sa mère. Les gonades de l'embryon se mettent en place très tôt, entre le 7e et le 14e jour de la grossesse. S'il y a des substances toxiques dans le liquide, elles agissent à très faible dose sur les cellules sexuelles. Le bébé arrive au monde avec des troubles qui ne se manifesteront qu'à l'adolescence et à l'âge adulte.

La puberté est un moment clé du développement humain. L'axe hypothalamo-hypophysaire sécrète des hormones sexuelles qui vont flamber lors de la puberté et modifier la morphologie des enfants pour préparer leur corps à la reproduction sexuelle. Chez un petit garçon, la flambée de testostérone agit sur les muscles et les os des épaules, qui s'élargissent en quelques mois. Chez une petite fille, les hormones féminines agissent plutôt sur la graisse et les os du bassin. La silhouette devient sexuée, mais l'impact de ces hormones n'arrive pas au même âge chez le garçon ou chez la fille. Aujourd'hui en France, les premières règles apparaissent vers l'âge de 13 ans chez les filles blanches et 9 ans chez les Noires. Cela ne permet pas d'en conclure que la couleur de la peau agit sur l'apparition des règles, mais suggère plutôt qu'une petite fille blanche se développe dans un milieu plus paisible que celui d'une petite fille noire. Ce sont les conditions sociales qui expliquent pourquoi une petite fille italienne est réglée à 12 ans, alors qu'une Allemande le sera à 14 ans. L'argent des parents modifie donc la date d'apparition des règles de leur enfant. Si les parents sont aisés, c'est qu'ils ont fait des études qui donnent accès aux métiers bien payés ou qu'ils ont acquis un outil de production comme un magasin ou une entreprise. Ils peuvent offrir à leur enfant un environnement privilégié, stable et confortable. Les milieux pauvres peuvent aussi offrir à leur enfant un milieu sécurisant, et les parents dans ce cas transmettent peu d'hormones du stress, peu de comportements brutaux et peu de mots blessants. Le diencéphale (la cupule à la base du cerveau) de l'enfant se développe paisiblement. Mais quand les parents sont éduqués, les filles font plus d'études. Elles se servent moins de leur corps. Quand les enfants vont aux champs ou à l'usine, en faisant des efforts, ils tassent les cartilages de conjugaison, qui se calcifient et arrêtent la croissance. C'est pourquoi les hommes et les femmes qui ont travaillé tôt ont des jambes plus courtes que les bourgeois qui ont fait des études. Quand les parents sont pauvres, les métiers sont difficiles, mal payés, instables et les transports sont longs et inconfortables. La famille est entassée dans des logements petits, ce qui crée une écologie de surdensité. La base du cerveau, sans cesse alertée, envoie des gonadotrophines qui stimulent la sécrétion des hormones sexuelles. Cela explique pourquoi les filles de parents pauvres ou immigrants ont des pubertés précoces[1].

Le facteur alimentaire joue un rôle important associé au déterminisme économique : on mange moins bien dans les milieux pauvres. On achète moins de viande, de légumes et de fruits frais et, en revanche, on envoie souvent les enfants acheter des pizzas et des boissons sucrées abusivement appelées jus de fruit. Dans ces logements confinés, on s'adapte en bougeant le moins possible, on s'enfonce dans un fauteuil près de la télé. Ces contraintes spatiales provoquent un surpoids et une obésité, surtout chez les filles. Or l'adiposité constitue un équivalent de glande endocrine qui sécrète de la leptine, une hormone qui stimule les comportements alimentaires. La boucle est bouclée : les petites filles réglées avant l'âge de 10 ans sont presque toujours obèses et filles de parents pauvres.

---

1. Parent A.-S., Teilmann G. *et al.*, « The timing of normal puberty and the age limits of sexual precocity. Variations around the world, secular trends, and changes after migration », *Endocrine Reviews*, 2003, 24 (5), p. 668-693.

Les garçons connaissent une puberté différente. Elle est plus difficile à voir, mais on peut la repérer à l'apparition des poils sur le pubis et sous le nez quand la moustache se prépare. La voix change chez les garçons parce que l'os hyoïde, la glotte, descend dans le cou et que les cordes vocales épaissies donnent des sons plus graves. On pourrait doser les hormones pour savoir quand la testostérone augmente. On peut aussi observer son chien, qui est le premier dans la famille à savoir que le garçon commence sa puberté. Il renifle l'odeur de la testostérone, qui ressemble à l'odeur de la truffe, ce dont les humains sont peu conscients. Le chien, lui, change de comportement car il sait désormais qu'il a affaire à un adulte[1].

La leptine chez les garçons a un effet opposé : elle retarde la puberté. Les garçons de milieux pauvres, alanguis à l'école et engourdis devant la télé en mangeant des sandwichs, acquièrent un surpoids et gardent leur voix d'enfant puisque leur puberté est retardée. Il y a deux ou trois générations, les garçons de parents pauvres étaient fiers de travailler tôt. À peine étaient-ils un peu musclés qu'ils s'activaient dans les champs, apprenaient un métier ou servaient de grouillot dans les ateliers. Ils n'avaient pas honte d'être pauvres, il leur suffisait d'être courageux et dur au mal pour prendre

---

1. Claude Béata, vétérinaire, enseignant en éthologie universités de Toulouse et de Toulon, communication personnelle. Et Béata C., *La Psychologie du chien*, Paris, Odile Jacob, 2008.

leur place d'homme. C'est pour ça qu'ils considéraient que les garçons qui faisaient des études étaient efféminés, tardaient à rentrer dans la société, dépendaient de leurs parents et devaient rester sagement assis pour étudier.

Aujourd'hui, dans notre nouvelle société, ces garçons lourds et alanguis n'osent pas dire qu'ils se sentent dominés par les filles. Que ce soient les filles de riches longues et minces ou les filles de pauvres petites et lourdes, elles ont une nette avance neuropsychologique sur les garçons. Elles font leur puberté entre 9 et 13 ans, alors que les garçons la font entre 12 et 14 ans. Quand on sait que, dans une même classe, les enfants nés en janvier ont des résultats scolaires meilleurs que ceux qui sont nés en décembre, on peut comprendre que deux ans d'avance pour les filles constituent un net avantage pour la compréhension scolaire et l'art des relations quotidiennes.

Le déterminisme génétique XX ou XY n'est que le point de départ de la construction d'un corps. Dès les premières divisions cellulaires, le milieu infléchit les tendances développementales, mais les effets hormonaux sont différents selon le sexe. Quand un homme sécrète moins de testostérone parce qu'il est en surpoids, il devient insulino-résistant et risque un diabète (type 2), parce qu'il vit dans une culture qui facilite les excès de sucres et contraint à la sédentarité. C'est le contraire chez une femme : la testostérone féminine est sécrétée par les glandes cortico-surrénales qui sont stimulées par les neuro-hormones diencéphaliques. Ce qui revient à dire qu'un homme devient diabétique parce qu'il vit dans une culture qui l'engourdit, alors qu'une femme devient diabétique parce que son milieu la stimule trop[1]. Ce qui vaut pour un sexe ne vaut pas pour l'autre. D'autant qu'à la puberté les filles sécrètent l'hormone lutéinisante qui prépare leurs seins à la lactation, alors que les garçons, peu sensibles à cette hormone, en sécrètent un peu quand le contexte les stresse[2].

Les tensions relationnelles, les catastrophes naturelles et culturelles possèdent aussi ce pouvoir de modifier la puberté. Quand un enfant a tissé avec ses donneurs de soins un attachement insécurisant, il ne peut acquérir la confiance en lui. Il éprouve tout événement comme une agression, ce qui modifie la sécrétion des substances d'alerte et des hormones. Une fille de riches manifeste un peu plus tard une puberté saine, mais si elle devient anorexique, elle n'aura plus du tout de règles. Une fille de pauvres aura une puberté précoce, mais si la pauvreté provoque une famine, elle n'aura plus du tout de règles. Dans les pays en guerre, l'alerte est constante : sur un fond d'inquiétude

---

1. Morford J., Mauvais-Jarvis F., « Sex differences in the effects of androgens acting in the control nervous system on metabolism », *Dialogues in Clinical Neurosciences*, 2016, 18 (4), p. 415-424.
2. Yamaji T., Dierschke D. J. *et al.*, « Estrogen induction of LH release in the rhesus monkey », *Endocrinology*, 1971, 89 (4), p. 1034-1041.

quotidienne, soudain une panique altère les métabolismes. Dans un tel contexte, toutes les filles ont une puberté retardée, comme cela a été dosé lors de la guerre en Croatie et en Bosnie[1].

Morphologies et civilisations

Ces observations cliniques et ces dosages confirment l'idée qu'il vaut mieux s'entraîner à raisonner en termes écosystémiques où plusieurs causes convergent pour moduler un effet. Vivre en haute altitude réalise une situation où les contraintes quotidiennes sont constantes. Le corps s'adapte à la diminution d'oxygène, en respirant plus vite et en augmentant les globules rouges qui luttent contre le stress hypoxique. Il fait froid, les pentes sont raides, on parle aussi de stress nutritionnel, tant les aliments sont difficiles à obtenir. Pourtant, beaucoup d'êtres humains vivent en haute altitude : depuis 10 000 ans dans les Andes de la Bolivie, du Pérou et du Chili ; depuis 50 000 ans au Tibet et au Népal ; depuis cinq siècles au Pamir et dans les montagnes Rocheuses. Ces hommes voulaient-ils fuir un envahisseur, suivre les troupeaux ou se rapprocher du dieu de leur religion ?

---

1. Pacak K., Palkovits M., « Stressor specificity of central neuroendocrine responses : Implication for stress-related disorders », *Endocr. Rev.*, 2001, 22 (4), p. 502-548.

Un peu de tout, probablement. La structure écologique de la haute altitude entraîne des adaptations culturelles. De nombreux rituels d'interaction adaptent le groupe à cet environnement difficile, des inventions techniques aident à construire des abris et à s'occuper des animaux domestiques. Ces adaptations qui permettent la survie sont transitoires et réversibles. Il suffit de redescendre dans les plaines pour que le stress hypoxique disparaisse en quelques jours. Et pourtant la croissance des petits qui se sont développés dans cette écologie reste définitive : « Les effets de l'altitude sont signalés au niveau de la vie intra-utérine, de la durée de la grossesse, du poids à la naissance, de l'accroissement postnatal, de la maturation sexuelle, de l'âge auquel est atteint l'âge adulte et du processus de vieillissement[1]. » Quand ces hommes redescendent en plaine, leurs adaptations durables ne sont réversibles qu'après plusieurs générations. En haute montagne, plus on monte, plus les nouveau-nés sont petits. La croissance est plus lente et la puberté, très retardée, se manifeste à 22 ans[2]. Les hommes n'ont pas eu besoin de publication scientifique pour constater ce phénomène, ils ont inventé un rituel adaptatif : les femmes enceintes descendent en plaine pour la durée de leur grossesse.

---

1. Facchini F., « Les effets de l'altitude », in C. Susanne, E. Rebato, B. Chiarelli (dir.), *Anthropologie biologique*, Bruxelles, De Boeck, 2003, p. 431.
2. *Ibid.*, p. 431.

Souvent c'est la culture elle-même qui impose des contraintes au corps. Le sport n'avait pas de valeur culturelle quand tout le monde utilisait son corps pour travailler dès l'âge de 12 ans. Pendant plusieurs siècles, dans toute l'Europe on a emmailloté les bébés avec des bandelettes serrées pour lutter contre l'animalité qui les poussait à marcher à quatre pattes. Les mères les accrochaient à un clou à la porte de la ferme pour aller travailler dans les champs ou à la basse-cour. J'imagine que le corps de ces enfants a dû devenir atrophique et provoquer un net retard à la marche. Les petits, peu toilettés, devaient ressentir un malaise constant, et beaucoup mouraient de diarrhées et déshydratation[1]. La niche sensorielle des premiers mois devait être pauvre en stimulations affectives. Aujourd'hui, quand un bébé est placé dans une telle situation par un abandon, une guerre ou une négligence familiale, on étudie son cerveau en neuro-imagerie et on constate des altérations cérébrales localisées : une atrophie bifrontale qui empêche l'anticipation, une atrophie limbique qui altère la mémoire et les émotions, et une hypertrophie amygdalienne qui rend l'enfant incapable de maîtriser ses émotions[2]. En grandissant, un tel enfant

---

1. Gélis J., *L'Arbre et le Fruit. Naissance dans l'Occident moderne*, Paris, Fayard, 1984.
2. Cohen D., « The developmental being : Modeling a probabilistic approach to child development and psychopathology », *in* M. E. Garralda, J.-P. Raynaud (dir.), *Brain, Mind and Developmental Psychopathology in Childhood*, New York, Jason Bronson, 2012, p. 14.

manifeste d'importants troubles émotionnels. Il explose à la moindre remarque, ce qui rend le tissage des liens familiaux difficile et ce qui compromet ses relations à l'école. À l'adolescence ce jeune, constamment désespéré, souhaite la mort et se la donne souvent[1]. L'effet retardé de la défaillance précoce des premiers mois peut-il expliquer l'extrême violence de la vie quotidienne, à l'époque où les adultes se bagarraient au moindre prétexte et où toute la société était organisée par la loi du plus fort ? L'aristocrate trouvait normal de lever des troupes pour s'emparer des terres d'un voisin et assassiner des membres de sa propre famille pour accéder au trône[2]. Un chef d'État n'hésitait pas à envoyer l'armée de son pays pour coloniser un État voisin et s'emparer de ses terres et de ses biens. Un homme bien né faisait donner du bâton au manant qui l'importunait. Les bourgeoises demandaient aux jeunes garçons de leur famille d'attaquer une famille rivale, elles mordaient les servantes qui n'obéissaient pas assez vite. Pour bien éduquer un garçon, il fallait le battre. Je me souviens des martinets qui pendaient au plafond des marchands de couleurs. Les petits manches en bois et courtes lanières coûtaient moins cher, mais les grands manches et longues lanières permettaient à

---

1. Fonagy P., Target M., « Vers une compréhension de la violence : l'utilisation du corps et le rôle du père », *in* P. Perelberg (dir.), *Violence et suicide*, Paris, PUF, 2004, p. 99-131.
2. Coontz S., *Marriage, a History. How love Conquered Marriage*, New York, Penguin Press, 2005.

l'adulte d'atteindre l'enfant sans courir. Au lycée, les professeurs d'histoire apprenaient aux garçons qu'ils ne pourraient pas traverser la vie sans connaître la guerre. Les gosses de riches allaient dans des salles de sport pour apprendre la savate et la boxe française, tandis que les garçons de parents pauvres apprenaient ça lors des bagarres de rue.

La violence a été glorifiée quand un homme, en tuant les ennemis et les grands animaux, assurait la survie. Puis elle a été considérée comme un moyen normal de résoudre les problèmes humains. Ce n'est que récemment que quelques États ont renoncé à la violence politique[1] et que les éducateurs se sont demandé si vraiment il était nécessaire de battre un enfant pour améliorer ses résultats scolaires. Depuis quelques décennies seulement, notre morale disqualifie les hommes violents en appelant la police, le secteur psychiatrique et les magistrats pour protéger les femmes et les enfants.

La violence s'est civilisée en se cantonnant aux spectacles sportifs. Le sport de bas niveau apporte la santé et le bien-être pour compenser une culture de la sédentarité, mais le sport de haut niveau prend une autre signification : il s'agit d'utiliser ses qualités physiques et mentales pour vaincre et faire un spectacle commercialisable. Les garçons plus que les filles sont

---

1. Pinker S., *La Part d'ange en nous*, Paris, Les Arènes, 2017.

attirés par cette violence valorisée par la culture. Ils rêvent de devenir champions de football et quand leur qualité musculaire n'est pas à la hauteur de leurs rêves, ils se contentent d'en faire une activité joyeuse entre copains. Le sport de haut niveau réalise une situation quasi expérimentale qui révèle comment une activité culturelle peut modifier notre corps, notre cerveau et révéler la hiérarchie de nos valeurs culturelles. Une grande taille est utilisée au basket et au saut en hauteur, alors que la danse ou la gymnastique sélectionne plutôt les petits gabarits.

Le sport de haut niveau modifie la composition naturelle du corps[1]. La dépense d'énergie diminue le stock de graisse et augmente la masse musculaire. Elle est plus accentuée chez les garçons, même si dans les deux sexes les sportifs donnent à leur corps une forme triangulaire, large aux épaules et étroite à la taille. Il n'y a pas de modification de la puberté chez les garçons, alors qu'il y a un retard chez les filles surentraînées. Dans l'ensemble, le sport retrouve les canons de beauté des statues grecques. Cela n'est pas négligeable, mais ne nous apprend pas grand-chose, puisque dans les cultures pauvres et sans technologie où l'on se sert de son corps pour gagner sa vie, les tailles sont minces, les épaules sont larges et la graisse a fondu, surtout

---

1. Pachaco Del Cerro J.-L., « Croissance et sport », *in* C. Susanne, E. Rebato, B. Chiarelli (dir.), *Anthropologie biologique*, Bruxelles, De Boeck, 2003, p. 519-526.

chez les garçons. L'idéal esthétique grec met en valeur le dimorphisme sexuel où la beauté des hommes vaut celle des femmes. Les génitoires masculins sont tendrement sculptés pour équivaloir à la rondeur des seins et des hanches féminines. On peut se demander quel est l'effet esthétique de la Vénus de Willendorf sculptée à l'époque paléolithique en Autriche et des centaines de Vénus de Lespugue, statuettes féminines aux seins lourds et aux hanches larges trouvées dans les Pyrénées et près du lac Baïkal. Les énormes femmes de cette époque étaient-elles trop nourries ? Les paléo-statues étaient-elles le symbole de la féminité ou de la polymaternité ? On peut aussi penser que, dans toutes les cultures, chaque indice corporel est utilisé pour alimenter une réflexion idéologique. La peau noire devient la preuve imaginée d'une infériorité intellectuelle, les cheveux des femmes, leurs règles, leurs seins et leur lait témoigne de leur animalité. Leur taille plus petite est expliquée aujourd'hui par la méchanceté des hommes qui les empêchent de manger de la viande[1]. Il fut un temps où la blondeur des cheveux et le bleu des yeux étaient une preuve de qualité biologique. Les jeux Olympiques ont été organisés à Berlin en 1936 pour mettre en scène, sous le regard du monde, à quel point les blonds et les blondes étaient de qualité supérieure.

---

1. Touraille P., *Hommes grands, femmes petites. Une évolution coûteuse. Les régimes de genre comme force sélective de l'évolution biologique*, Paris, Éditions de la Maison des sciences de l'homme, 2008.

Les sportifs du IIIe Reich avaient pour mission de réaliser des performances physiques, afin de valider les théories racistes[1].

Taille des enfants et malheur maternel

Le problème se pose réellement pour la taille des enfants. Cette mensuration est un indicateur fiable, bon marché, facile à recueillir qui permet de rendre observable comment une promesse génétique est plus ou moins bien tenue selon les pressions chimiques, éducatives et symboliques du milieu. Le déterminisme génétique est incontestable mais varie selon les milieux. L'espérance de vie d'un rat est de 3 ans, d'un chat en milieu naturel est de 10 ans, mais en appartement il peut dépasser les 20 ans, une tortue vit 80 ans et un être humain meurt à 30 ans dans une écologie difficile et à 90 ans dans une société technologique.

Les animaux grandissent pour atteindre à peu près la taille de leurs parents. Chez les insectes, les femelles peuvent être cent fois plus grandes que les mâles, chez les oiseaux le dimorphisme sexuel est difficile à voir sauf dans les espèces où les plumes colorées désignent

---

1. François C., « Sportifs et IIIe Reich, histoires de résilience », *in* B. Cyrulnik, P. Bouhours, *Sport et résilience*, Paris, Odile Jacob, 2019, p. 153-172.

les mâles, et chez les mammifères les mâles sont généralement plus grands que les femelles. Chez les humains dont la formule des chromosomes est normalement 46 XX pour les femelles et 46 XY pour les mâles, certaines anomalies modifient nettement la taille. Quand il y a un chromosome surnuméraire 47 XYY, le chromosome Y en plus (qui n'existe que chez les hommes) donne une grande taille. Les enfants adoptés acquièrent une taille plus proche de celle de leurs parents biologiques que de celle de leurs parents adoptifs, alors qu'ils acquièrent plutôt le niveau intellectuel de leurs parents adoptifs. Les jumeaux monozygotes arrivent à la même taille, même quand ils ont été élevés séparément. Chez les filles, le syndrome de Turner, où un ou deux chromosomes X sont altérés, ne leur permet d'acquérir qu'une taille de 1,40 mètre. Et le syndrome de Marfan, fortement héréditaire, qui touche les deux sexes, donne de très grands individus. En recueillant toutes ces données on a envie de dire que le déterminisme génétique existe mais qu'il n'est pas suffisant pour expliquer les nettes variations de taille[1].

La différenciation des gonades, qui commence dès la deuxième semaine après la fécondation, est fortement orientée par les pressions du milieu. Mais ce milieu est lui-même organisé par le mode d'existence de la mère.

---

1. Silventoineau *et al.* (2003) cité *in Croissance et puberté. Évolutions séculaires, facteurs environnementaux et génétiques*, rapport, Paris, Inserm, 2007, p. 70.

Un exemple célèbre est fourni par la famine du siège de Leningrad (1941-1944) où, pendant neuf cents jours, les armées allemandes et finlandaises ont assiégé la ville par des températures avoisinant – 50 °C. La mer Baltique gelée empêchait les vivres d'arriver par bateau. Comme lors de toutes les glaciations, il a fallu se nourrir de la viande des autres êtres vivants. Les habitants ont mangé d'abord les chiens, puis les chats, puis les cadavres humains conservés dans la glace. On évalue à plus de 1 million les morts de faim. Mais il y a eu aussi 700 naissances de bébés survivants à la famine de leur mère. La niche utérine était fortement modifiée par le malheur de la mère dont les substances de stress baignaient le liquide amniotique. Les bébés sont arrivés au monde avec un petit poids et ont manifesté de grandes difficultés de développement. Quand les vivres sont revenus après la capitulation de l'armée allemande, le réconfort des mères et le développement des enfants ont repris, mais les petits avaient conservé une signature biologique du malheur de leur mère. Un grand nombre d'entre eux ont eu des difficultés d'apprentissage, des troubles du comportement et, à l'adolescence, ils sont devenus obèses.

L'explication de la transmission de ces troubles a été fournie plus tard. En 1958, une cohorte de bébés anglais dont les mères avaient été stressées pendant leur grossesse manifestèrent des troubles du développement corrélés à une méthylation de leur ADN[1]. En 1988, une tempête de neige au Québec avait isolé sensoriellement un petit groupe de femmes enceintes, dont les enfants manifestèrent treize ans plus tard une dysfonction de l'hippocampe et une adolescence difficile[2]. La catastrophe naturelle avait provoqué une sécrétion de substances de stress maternel qui avaient franchi le placenta, altéré l'expression du génome, atrophié les neurones de l'anneau limbique, ce qui avait ralenti les apprentissages. Les nouveau-nés souffraient biologiquement du malheur de leur mère qui avait altéré la niche sensorielle des premiers mois utérins.

Les émotions ont une espérance de vie brève. Les substances de stress se dégradent rapidement et la plasticité cérébrale des enfants est si grande qu'il suffit de réparer le milieu en aidant la mère pour que l'enfant reprenne un bon développement, tout en gardant une trace du trauma dans la mémoire, ce qui est la définition de la résilience. Mais quand le milieu social est figé par un désastre économique ou par un préjugé culturel, rien ne se met en place pour sécuriser la mère. Les émotions, les substances de stress et les agressions quotidiennes entourent continuellement l'enfant, qui

---

1. Nieratschker V., Massart R., Gilles M. *et al.*, « MORCI1 exhibits cross-species differential methylation in association with early life stress as well as genome-wide associations with MDD », *Trans. Psychiatry*, 2014, 4 (8), e429.
2. Moshe S., « The epigenetics of perinatal stress », *Dialogues in Clinical Neuroscience*, 2019, 21 (4), p. 369-378.

connaît un développement difficile, une adolescence orageuse et des modifications somatiques.

Quand les conditions d'existence quotidienne sont difficiles parce qu'un enfant vit dans un milieu où tout le monde est en alerte, l'excès de sécrétion de cortisol vient des relations insécurisantes. Quand un enfant est en alerte parce qu'il est seul au monde, abandonné, tout événement quotidien est un stress pour lui, ce qui l'épuise et freine sa croissance.

Je me souviens de cette consultation à l'hôpital de Goma au Congo où nous devions accueillir des jeunes mères avec le bébé qu'elles avaient mis au monde après un viol. Elles avaient 13 à 15 ans, portaient de jolies robes et des boubous colorés, mais leurs visages sombres exprimaient leurs malheurs. Elles répondaient à nos questions par quelques phrases stéréotypées de leur culture : « Dieu a mis cet enfant dans mon ventre, je m'en occuperai. » Mais ces mots étaient dissociés de leur réalité émotionnelle. Abattues par le malheur, sans famille ou avec une famille traumatisée, elles n'avaient ni la force ni le plaisir de s'occuper du bébé. Le petit n'était pas sécurisé dans cette niche sensorielle morne qui ne répondait pas à ses sollicitations de petits cris et de gambades. Il finissait par s'éteindre et, ne pleurant plus, n'exprimant plus rien, personne ne s'apercevait qu'il se déshydratait. Quelques gamines violées avaient pourtant gardé leur vitalité et parfois même leur rage de vivre en plein désespoir. Elles ont pu offrir à leur bébé une niche sensorielle suffisante pour bien le développer au contact d'une mère pourtant très agressée.

La structure d'une civilisation organise le milieu qui stimule ou ralentit les développements organiques. En 1850, les premières règles apparaissaient en moyenne vers l'âge de 17 ans. En 1950, elles apparaissaient à 13 ans. On retrouve aujourd'hui la même différence, repérée cette fois-ci par la géographie : les enfants dans le nord et l'est de la France sont plus grands et plus lourds que ceux du Sud-Ouest. Ce n'est pas le climat qui fait la différence, c'est l'industrialisation : « On observe dans les pays européens depuis le XIXe siècle une croissance et un développement plus rapides, des tailles moyennes plus élevées et une maturation plus précoce[1]. » À Paris, les filles sont réglées plus tôt que dans le Sud. Dans l'Est, elles sont plus en surpoids qu'à Paris, mais il n'est pas possible d'établir des causalités uniques, car à Paris comme dans l'Est, les filles de parents pauvres ont une puberté avancée parce qu'elles se nourrissent d'aliments industriels et que la graisse du surpoids augmente la sécrétion d'hormones féminines. Au Mexique, en Amérique du Sud et en Europe centrale, les filles de parents pauvres sont plus petites et n'ont pas de surpoids parce que leur environnement culturel ne leur permet même pas d'acheter des

---

[1]. Bodzsar E., Susanne C., « Secular growth changes in Europe » (1998), cité *in Croissance et puberté. Évolutions séculaires, facteurs environnementaux et génétiques*, rapport, Paris, Inserm, 2007, p. 18.

aliments industriels. En Colombie ou dans les favelas brésiliennes, on est petit, pauvre et mince parce qu'on mange ce qu'on peut. Alors qu'aux États-Unis ou en Allemagne, les enfants de pauvres ont une petite taille, un énorme surpoids et une puberté féminine précoce[1].

Pour intégrer ces données disparates et parfois opposées, il faut s'entraîner aux raisonnements probabilistes et renoncer aux explications par une seule cause. Les aliments industriels diminuent la qualité des spermatozoïdes et des ovocytes[2]. Les perturbateurs endocriniens sont des leurres qui prennent la place des hormones réelles et provoquent des troubles de l'appareil génital : cryptorchidie, hypospadias chez le garçon, puberté précoce chez la fille. Les bisphénols des plastiques d'emballage, des branches de lunettes et des biberons accélèrent la puberté des filles et font chuter le taux de testostérone des garçons.

Le cerveau selon ses relations avec son milieu affectif et social joue un rôle majeur dans l'infléchissement de la puberté[3]. Quand un enfant a tissé des liens d'attachement insécure avec ses donneurs de soins, il se sent vulnérable, il éprouve toute rencontre et tout

---
1. Zellner K. *et al.*, « Height, weight and BMI of schoolchildren in Jena, Germany – Are the secular changes levelling off ? », *Econ. Human Biol.*, 2004, 2 (2), p. 281-294.
2. Grieger J. A. *et al.*, « Pre-pregnancy fast-food and fruit intake is associated with time to pregnancy », *Human Reproduction*, 2018, 33 (6), p. 1063-1070.
3. Delfosse V. *et al.*, « Synergistic activation of human pregnant X receptor by binary cocktails and pharmaceutical and environmental compounds », *Nature*, septembre 2015, 6.

événement comme une agression, ce qui explique que, constamment en alerte, il sécrète trop de cortisol qui retarde sa puberté. Mais une fille de pauvres, dans un pays riche, n'est pas en alerte. Elle devient obèse parce qu'elle mange mal, ne bouge pas, regarde la télé et va à l'école. Elle cesse de grandir quelques mois après l'apparition de ses règles.

Dans les pays en guerre presque tous les enfants vivent des alertes suraiguës sur un fond d'angoisse diffuse. Dans un tel contexte, toutes les filles ont une puberté retardée comme cela a été évalué en Croatie et en Bosnie[1]. Quand le pays est en paix, la différence est nette, les enfants de parents riches sont plus grands que les enfants de parents pauvres, l'écart fait en moyenne 8 à 9 centimètres. À l'alimentation s'ajoute le fait que les enfants de parents riches font de longues études. Les filles dont la puberté est tardive continuent à grandir et, comme elles restent assises sur les bancs des écoles jusqu'à l'âge de 25 ans, leurs cartilages de conjugaison se calcifient lentement, ce qui permet à leurs jambes de s'allonger. Les filles de parents riches deviennent grandes, minces, avec de longues jambes et de hauts diplômes.

---

[1]. Pacak K., Palkovits M., « Stressor specificity of central neuroendocrine responses : Implication for stress-related disorders », *Endocr. Rev.*, 2001, 22, (4) p. 502-548.

Stature, sexe
et développements

Les garçons de ces milieux connaissent la même évolution, mais avec deux bonnes années de retard sur les filles. Dans ce raisonnement « éco-génétique[1] », les métabolismes et les morphologies sont modifiés par les organisations sociales. Le fait que la puberté des garçons apparaisse plus tard que celle des filles va poser un énorme problème anthropologique pour la génération qui vient. Jusqu'à l'âge de 10 ans, il y a peu de dimorphisme des silhouettes. La distinction entre ceux qui ont un zizi et celles qui n'en ont pas crée le problème œdipien, mais les corps des garçons et des filles se ressemblent encore. Entre 10 et 12 ans, les filles sont plus grandes et plus lourdes que les garçons[2], mais comme elles sont moins agressives, elles ne profitent pas de cet avantage physique. Leurs règles sont avancées ou retardées selon le portefeuille des parents mais dans l'ensemble, à 18 ans, quand une fille passe son bac, c'est une jeune femme mature qui choisit un métier et planifie son existence. Son développement

---

1. Mutanski B. S., Viken R. J. *et al.*, « Genetic and environmental influences on pubertal development : Longitudinal data from Finnish twins at ages 11 and 14 », *Dev. Psychol.*, 2004, 40 (6), p. 1188-1198.
2. *Croissance et puberté. Évolutions séculaires, facteurs environnementaux et génétiques*, rapport, Paris, Inserm, 2007, p. 12.

neuropsychologique est installé et sa fatigue de croissance est terminée.

Les garçons qui étaient plus petits et plus combatifs à l'âge de 12 ans provoquaient l'agacement des filles : « C'est bête, les garçons. » À cet âge, ils ont un retard neuropsychologique d'un à deux ans, ce qui est énorme au point de vue scolaire. En classe, ils ont du mal à tenir en place, alors que la stabilité émotionnelle des filles est un facteur de l'attention qui mène aux bons résultats scolaires. Dans les consultations de psychiatrie infantile, il y a une forte majorité de petits garçons agités, bagarreurs, ayant du mal à se concentrer. Les filles consultent plus tard, après leur puberté, quand elles deviennent soucieuses. Une grande angoisse est une souffrance qui paralyse l'intellect, mais un tempérament inquiet les pousse à mettre en place les mécanismes de défense habituels qui contrôlent l'angoisse[1]. Une régularité pointilleuse leur permet de planifier leur travail scolaire et leur vie quotidienne. Une recherche de sécurité auprès de leur mère, des enseignants et de la « meilleure amie[2] » rend les filles agréables à côtoyer et plus faciles à aider en cas de besoin. Ce processus relationnel paisible leur permet de se sentir soutenues et de mieux travailler à l'école.

Après l'âge de 12 ans, les garçons rattrapent leur croissance retardée, puis dépassent la taille des filles.

---

1. Ionescu S., Jacquet M.-M., Lhote C., *Les Mécanismes de défense. Théorie et clinique*, Paris, Armand Colin, 2016.
2. Rimé B., *Le Partage social des émotions*, Paris, PUF, 2009, p. 139-142.

Quand les premières mensurations ont été réalisées en 1914, la taille des jeunes hommes dépassait de 12 centimètres celle des femmes. Aujourd'hui, en Occident, les filles ont beaucoup grandi, et les garçons encore plus puisqu'ils dépassent les filles de 18 centimètres. Est-ce que la taille est un bénéfice adaptatif ? Monsieur Neandertal avec son 1,60 mètre tuait les mammouths et les rhinocéros laineux. Je crois qu'aujourd'hui un garçon de 1,90 mètre, bien élevé et bon élève, aurait du mal à réaliser cette performance. La taille n'est pas un bénéfice adaptatif, puisque les grandes espèces s'éliminent facilement en cas de changement du milieu. Ce qui est adaptatif aujourd'hui, c'est l'école. La nouvelle aristocratie, c'est celle des diplômes. Finie l'époque où le « sang bleu » des aristocrates légitimait leurs guerres de conquête. Finie l'époque où le fils reprenait la terre, l'atelier ou le magasin de papa. La transmission de l'accès au pouvoir se fait par le diplôme, sachant qu'un enfant de parents riches aura les conditions d'études, le grand logement, la proximité des écoles et la stabilité qui lui permettront de mériter sa réussite. Un enfant de riche ne vole rien quand il est reçu à ses examens, mais c'est le porte-monnaie de ses parents qui lui a offert les conditions de travail qui mènent à la réussite. Les filles sont avantagées par cette organisation sociale qui facilite l'accès au pouvoir par les diplômes. À 17 ans, les filles ont terminé leur fatigue de croissance, elles cessent de grandir, sont stables et motivées. Les garçons à 17 ans sont en pleine fatigue de croissance puisqu'ils continuent de grandir jusqu'à 21 ans. Pendant cette période, ils alternent les moments d'hypersomnie avec les bouffées d'excitation motrice. Cette manière de vivre n'améliore pas les résultats scolaires. Comme ils ressentent moins la petite angoisse adaptative des filles, ils sont trop confiants et préfèrent blaguer avec les copains ou taquiner les filles que s'isoler dans les bouquins. Est-ce cela qui explique que, dans tous les pays du monde, même chez les enfants d'immigrés, les filles obtiennent de meilleurs résultats scolaires ? Les filles asiatiques sont les plus performantes de tous les enfants d'immigrés.

Les ménarches, les premières menstruations, constituent un équivalent de rite de passage pour les filles. Il veut dire, entre femmes : « À partir de maintenant, tu n'es plus une petite fille. » C'est ce qu'on disait aux garçons, après les avoir mis à l'épreuve lors d'un rituel : « Tu as triomphé de la mort en subissant une douleur physique. En effectuant une danse magique, tu as chassé les esprits de la forêt. À partir de ce jour, tu es initié, ta parole désormais sera celle d'un homme. » Contrairement à la maturation des filles, les repères de la maturation d'un garçon sont progressifs : d'abord quelques poils sous le nez, puis descente des testicules et enfin modification de la voix. Chez eux aussi l'organisation sociale a modifié le métabolisme de la testostérone dont la voix est un bon marqueur. Aujourd'hui, la mue se fait vers l'âge de 14 ans, alors que chez leurs grands-pères elle apparaissait vers 17 ans. Il n'est pas nécessaire de doser la testostérone, il suffit d'apprendre que les chefs de chorale ont du mal à trouver des sopranos pour savoir que les garçons ont une puberté plus tardive que celle des filles mais plus précoce que celle de leurs aînés. Tout se complique quand on apprend que les femmes, elles aussi, ont une voix qui devient grave[1]. Les hormones féminines élargissent les hanches, alourdissent les seins et épaississent les cordes vocales des jeunes femmes. Les femmes ayant gardé leur voix de petite fille sont de plus en plus rares.

La musique des mots est socialisante : pourquoi notre voix parvient-elle à mimer la prosodie des personnes du groupe auquel on appartient, au point de nous donner l'accent de la région, signature vocale de notre appartenance ? Les neurones miroirs jouent certainement un rôle[2]. Quand les femmes entendent parler une femme qu'elles admirent parce qu'elle a pris un poste de responsabilité ou parce qu'elle a un talent littéraire ou scientifique, la voix des femmes de ce groupe tend à devenir aussi grave que celle de la femme admirée. Ressembler à celle qu'on estime est un processus d'identification respectable, mais c'est aussi ce qui met en place la rivalité mimétique[3] où l'on entre

---
1. Abitbol J., *Voix de femme*, Paris, Odile Jacob, 2019.
2. Rizzolatti G., Sinigaglia C., *Les Neurones miroirs*, Paris, Odile Jacob, 2008.
3. Girard R., *La Violence et le Sacré*, Paris, Grasset & Fasquelle, 1972.

en compétition avec celui (celle) qui désire le même objet que nous.

Au total, le développement des garçons est plus difficile que celui des filles. Ils démarrent plus tard, plus lentement, plus laborieusement et, à l'école, ils décrochent facilement. L'adolescence n'existe que dans les cultures où l'on peut continuer à se développer. Dans les pays pauvres, les enfants sont lancés très tôt dans l'aventure sociale, les filles à la maison, les garçons à la mine. Mais dans les pays où l'on met longtemps à apprendre un métier, les filles sont indépendantes vers 24 ans et les garçons vers 26 ans. La personnalité est en place, les études sont terminées, les filles se sont bien débrouillées, c'est à ce moment qu'arrive l'âge de la maternité très tardive dans notre culture, presque à 31 ans. Les femmes découvrent alors un nouvel objet qui monopolise leurs efforts et oriente leur investissement affectif : le bébé. D'autant que, lors de la première grossesse, le cerveau des femmes subit un élagage synaptique qui prouve qu'elles traitent plus vite les informations à un moindre coût énergétique[1].

La culture entrepreneuriale accueille ces jeunes femmes avec réticence. Pendant ce temps, entre 25 et 30 ans, les garçons rattrapent leur retard neuropsychologique et, quand ils deviennent pères entre 30 et

---
1. Barba-Müller E., Craddock S., Carmona S., Hoekzema E., « Brain plasticity in pregnancy and the post period : Links to maternal caregiving and mental health », *Archives of Women's Mental Health*, 2019, 22 (2), p. 289-299.

35 ans, la culture de l'entreprise les accepte volontiers parce que l'arrivée d'un enfant les responsabilise et les apaise, ce qui les aide à prendre leur place. La maternité comble le sentiment d'être femme mais freine la socialisation. Alors que la paternité encadre les jeunes hommes et facilite leur acceptation sociale. L'aventure des sexes, comme toujours, reste asymétrique.

Société et fertilité

Dans notre nouvelle culture technique et morale, les mots « mère » et « père » ne désignent plus la même condition parentale. Les mères sont plus âgées, plus éduquées et autonomes. Quant aux pères, ils ne sont plus héroïsés au travail, puisqu'ils ne sont plus les seuls à « gagner le pain ». Leur courage à la mine n'excuse plus la rudesse paternelle. Les enfants qui arrivent au monde aujourd'hui reçoivent l'empreinte d'un environnement précoce très différent de celui de leurs parents. La niche sensorielle des 1 000 premiers jours, depuis la fécondation jusqu'à l'apparition de la parole, est structurée par une mère active et sécurisante et par un père beaucoup plus affectif. Les deux figures d'attachement sont de moins en moins différentes. Elles organisent autour du petit une nouvelle niche sensorielle qui sculpte des cerveaux différents, stimule des habiletés relationnelles inattendues et hiérarchise des valeurs morales modernes.

Cette nouvelle niche écologique qui entoure tout bébé s'élargit au fur et à mesure que grandit l'enfant. L'embryon commence son existence dans un petit utérus imbibé de fluides filtrés par le placenta. Quand la mère est en paix, ces produits biologiques suffisent au bon développement. Mais quand elle est en alerte à cause d'une histoire difficile, d'un mari violent ou de sa précarité sociale, une telle existence lui fait sécréter trop de substances de stress qui imbibent la dentelle utérine et fragilisent l'implantation de l'embryon.

Lorsque l'œuf fécondé porte une fragilité chromosomique, il se plante mal dans la dentelle utérine, même si son environnement est parfait. C'est le cas de la plupart des fausses couches. Dès les premières divisions cellulaires, il y a une transaction entre ce que sont les cellules (XX, XY, ou anomalies XYY, XXX, etc.) et ce qui constitue leur environnement précoce (hormones, substances nutritives ou toxiques). Toute forme d'existence résulte d'une transaction entre l'organisme récepteur et les pressions environnementales. La fertilité ne consiste pas seulement à faire fusionner deux cellules, ce n'est pas suffisant puisque déjà le cerveau des géniteurs, leur histoire et leur culture participent à la fertilité.

Les changements dans la civilisation modifient le désir d'enfant et la signification qu'on lui attribue. Depuis que la religion organise moins les sociétés occidentales,

les femmes font moins d'enfants. L'acte sexuel a perdu la fonction sacrée de mettre au monde une âme pour adorer Dieu et la fonction sociale de faire naître un garçon pour aller à la guerre ou descendre à la mine. En 1947, une femme avait trois à quatre enfants, en 2020 elle se contente de 1,87. Depuis que la personne, et non plus le groupe, est devenue une valeur de notre culture, les femmes veulent s'épanouir et maîtriser leur fécondité. Elles font des études, apprennent un métier qui leur donne dignité et indépendance, mais le temps d'étudier, de trouver une profession et un conjoint, et les voilà âgées de presque 31 ans quand elles mettent au monde leur premier enfant. Or une femme de 20-25 ans est bien plus fécondable qu'une femme de 31 ans. Comme les hommes se mettent, eux aussi, en couple plus tard, que la sédentarité des métiers modernes les fait travailler assis, leurs testicules se trouvent bien au chaud dans l'édredon des cuisses où les spermatozoïdes font la sieste, alors qu'ils ont besoin d'air frais pour être réveillés. L'âge, l'immobilité et les substances toxiques produites par notre industrie font chuter la fertilité masculine. Résultat de cette convergence de déterminants variés : 20 % des couples consultent pour infertilité après un an de relations sexuelles[1]. Après 30 ans, la fertilité des femmes diminue rapidement : « À trop attendre pour

---

1. Papon S., Beaumel C., « Bilan démographique 2017. Plus de 67 millions d'habitants en France au 1ᵉʳ janvier 2018 », *Insee Première*, janvier 2018, n° 1683.

être mère, une femme risque de ne jamais être mère... Le génome des spermatozoïdes fragmente son ADN, ce qui augmente les fausses couches[1]. » Les accidents de la maternité ne sont plus interprétés comme à l'époque où le stéréotype culturel disait qu'une femme était infertile parce que son corps était de mauvaise qualité. Les découvertes scientifiques alimentent un nouveau discours : dans un tiers des cas ce sont les ovocytes qui ne peuvent pas ; dans un tiers des cas, les spermatozoïdes ne sont pas assez vigoureux ; et dans le dernier tiers, les ovocytes de madame ne s'entendent pas avec les spermatozoïdes de monsieur, puisque chacun pourrait faire un enfant avec un autre partenaire.

Quand l'avortement était interdit et que les femmes se débrouillaient tragiquement, la principale cause d'infertilité était l'altération de l'appareil génital, les stérilités tubaires. Aujourd'hui, les principales causes sont le tabac, le cannabis, l'obésité et l'âge, auxquels il faut ajouter les difficultés affectives. Le développement récent de l'endométriose fait souffrir une femme sur dix[2]. Une corrélation est établie entre la souffrance utérine et la maltraitance infantile où les viols de petites filles ne sont pas rares[3]. Même quand il n'y a pas de

---
1. Rossin B., « L'épidémiologie de la fertilité ; les grandes révolutions de ce demi-siècle », *Sexologies*, 2020, 29 (1), p. 12-20.
2. Ozkan S. *et al.*, « Endometriosis and infertility : Epidemiology and evidence-based treatments », *Ann. NY Acad. Sci.*, 2008, 1127, p. 92-100.
3. Liebermann C., Kohl Schwartz A. S. *et al.*, « Maltreatment during childhood : A risk factor for the development of endometriosis ? », *Hum. Reprod.*, 2018, 33 (8), p. 1449-1458.

dégâts anatomiques apparents, une petite fille violée acquiert une représentation de soi altérée. Le déséquilibre hormonal provoqué par les substances du stress désorganise les cellules sensibles de l'endomètre, la muqueuse utérine où s'incruste l'œuf fécondé.

En cinquante ans, la révolution culturelle a favorisé l'apparition de nouvelles structures sociales. Le corps des femmes ne fonctionne plus selon ses rythmes biologiques spontanés. Ces altérations expliquent et légitiment le développement des PMA[1] grâce à quoi la société soigne ce qu'elle a provoqué. Puisque la sexualité n'a plus pour fonction de mettre au monde des âmes pour adorer Dieu, pour faire des lignées de possédants, pour travailler et faire la guerre, l'arrivée d'un bébé a pris une autre signification. Le nouveau-né transcende le couple, augmente sa solidarité affective et accomplit le désir d'enfant. Il y a donc très peu de différences entre une sexualité hétérosexuelle ou homosexuelle. Tous les couples, quel que soit le sexe des partenaires, s'aiment, veulent vivre ensemble et, si besoin, demandent à la médecine de satisfaire leur désir d'enfant. C'est possible pour les femmes seules puisque l'enfant est devenu un accomplissement personnel et non plus une nécessité sociale. L'homme célibataire, lui, devra se contenter de l'adoption, ce qu'il fait moins souvent.

---

1. PMA : procréation médicalement assistée.

Mettre au monde un enfant est surtout un désir féminin que les hommes partagent quand ils vivent avec une femme. Ces dernières années, on a vu apparaître un phénomène inattendu : certaines femmes désirent ne jamais mettre au monde un enfant. J'ai le souvenir de quelques patientes puncheuses, bien socialisées, qui souffraient de bouffées d'angoisse dès qu'elles tombaient amoureuses. Elles m'expliquaient qu'elles ne s'étaient jamais pensées enceintes et qu'elles étaient effrayées par cette représentation d'elles-mêmes : « Mon ventre va éclater... Je ne supporterai pas de sentir un être vivant grouiller dans mon corps. » Pour les hommes, le désir d'enfant prend la forme d'une représentation différente, ils rêvent d'un foyer avec une femme et des enfants, ils n'ont pas besoin de s'imaginer avec une grossesse ou une maternité. Depuis que les femmes sont moins entravées, les hommes ne sont plus contraints à travailler pour elles. Ils préfèrent rester seuls, ce qui leur permet de se socialiser à moindre coût. Au Japon, cette adaptation à la nouvelle condition des femmes est devenue un fait de société : 30 % des hommes de moins de 30 ans évitent toute rencontre sexuelle afin de ne pas être asservis par une femme : « Si par malheur je l'aime, que va-t-elle exiger de moi ? » Ces hommes s'isolent, tirent les rideaux, achètent des distractions électroniques qui leur permettent d'éviter les rencontres affectueuses et les relations sociales qui les angoisseraient. Libres, enfin libres. Et seuls.

Ce phénomène apparaît aux États-Unis où il touche plutôt des hommes déclassés. Âgés de 40 à 60 ans, sans diplômes, sans métier, sans famille et sans enfants, ils se regroupent pour boire quelques bières. Ils n'ont rien à dire puisqu'ils n'ont rien vécu. Le soir, ils avalent des opioïdes jusqu'à ce que le suicide les tente.

En Europe et au Canada, l'avènement de la paternité n'a plus le même sens qu'il y a deux générations quand la culture « campait l'homme dans un rôle de pourvoyeur et la femme dans un rôle de soins[1] ». Aujourd'hui, les femmes quittent la maison le matin et le couple rapporte le pain du soir. Les pères occidentaux prennent soin des enfants et participent plus aux tâches ménagères. Quand les rôles parentaux étaient tranchés, ils offraient aux enfants des identifications claires et abusives. Je cite toujours le cas des mineurs de Gardanne, près de Marseille, qui devaient charger quinze wagonnets par jour pour que leurs femmes puissent acheter les nécessités du foyer. Ces hommes étaient fiers de gagner leur vie dans des conditions physiques très dures et de tout donner à leurs femmes. Mais quand ils avaient mal au dos ou quand leurs bras ne parvenaient plus à soulever assez de pelletées, les enfants n'avaient rien à manger dès le lendemain soir. Alors les pères avaient honte. Un jour, j'ai cité cet exemple dans

---

1. Deslauriers J.-M., Tremblay G. *et al.* (dir.), *Regards sur les hommes et les masculinités. Comprendre et intervenir*, Québec, Presses de l'Université de Laval, 2011, p. 420.

un cours de diplôme d'université à l'hôpital Georges-Pompidou à Paris. Dans l'audience une infirmière a explosé : « Ce machisme est insupportable. » Après le cours, une jeune femme médecin m'a raccompagné : « Pourquoi avez-vous raconté un exemple si excessif ? » m'a-t-elle gentiment demandé. « Vous n'avez jamais rencontré des hommes pareils », ai-je répondu. Elle a flotté quelques secondes, cherchant dans sa mémoire : « Si... Mon père. » Ce bref échange m'a fait comprendre que de nombreux hommes s'étaient servi de leur dur travail pour légitimer leur domination : « Tu n'es pas capable de charger quinze wagonnets par jour, alors tais-toi. » Quand les machines ont remplacé les bras des hommes, ce discours est devenu l'équivalent de celui des colonisateurs qui apportaient la bonne médecine et les bons chemins de fer aux pauvres indigènes. Le fait était réel, il fallait de la compétence pour installer des chemins de fer en Afrique, mais ce qui entravait les femmes et écrasait les Africains, ce n'était pas le fait, c'était son utilisation pour établir une relation de condescendance ou de mépris. Le père de l'infirmière se croyait autorisé à faire taire sa famille, alors que le père de la jeune femme médecin avait travaillé durement pour offrir à sa fille la possibilité d'étudier. Un fait identique avait été chargé d'une signification différente selon les relations familiales.

Le travail prend une fonction différente selon le niveau économique. Dans le milieu des hauts salaires, les hommes et les femmes ont fait des études qui, dans notre culture, donnent accès aux bons métiers. Ils habitent dans des quartiers où les logements sont confortables, les écoles pas trop éloignées, et où un grand nombre de femmes, dans les métiers de la petite enfance, sont heureuses de gagner modestement leur vie en s'occupant des enfants des autres. Dans ces milieux aisés et éduqués la parité est presque acquise : on planifie, on se répartit les tâches et les enfants sont entourés par un système familial à multiples attachements où ils se développent bien.

Dans les milieux pauvres, « les rôles parentaux demeurent plus traditionnels, les pères assument davantage le rôle de pourvoyeur et les mères, celui de responsable de soins[1] ». Quand un enfant arrive dans un tel couple, la mère, qui gagne peu en faisant un travail ingrat, devrait consacrer son salaire à payer une nounou. Très souvent, elle choisit d'arrêter de travailler pour s'occuper de son bébé et de son mari. Dans ces milieux la disparité est une adaptation aux contraintes éducatives et économiques. Cette différence de socialisation n'est pas une humiliation pour ces femmes, ni un machisme de la part du mari.

---

1. Devault A., « Contexte et enjeux de la paternité au Québec », *in* J.-M. Deslauriers, G. Tremblay *et al.* (dir.), *Regards sur les hommes et les masculinités*, *op. cit.*, p. 221.

Les nouveaux parents

Dans l'ensemble, on pourrait distinguer trois types d'arrangements dans le couple où le père prend une place différente.
• Le père traditionnel qui assure le pain et établit peu de relations affectives avec ses enfants. Ce père est sécurisant à cause de son rôle social mais angoissant à cause de son manque de relations affectives.
• Dans le milieu des hauts salaires, le père et la mère s'appliquent à la parité, au partage de l'affection et à la répartition des tâches facilitées par l'emploi des aides familiales.
• Un troisième type de père vient d'apparaître. C'est celui qui reste pourvoyeur et prend dans son foyer le rôle d'assistant maternel[1].

La structure de ces foyers est déterminée par le niveau économique des parents autant que par leurs personnalités ou l'histoire de la famille. C'est dans cette niche affective, comportementale, économique et historique que l'enfant aura à se développer. Le mot « père » désigne une fonction masculine étonnamment différente selon le contexte. Parfois c'est un tyran

---
1. Quéniart A., « A profile of fatherhood among young men : Moving away from their birth family and closer to their child », *Sociological Research Online*, 2004, 9 (3), p. 227-243.

domestique, parfois un représentant de Dieu ou de l'État dans la famille, parfois c'est l'associé de la mère, et parfois c'est l'aidant de la mère. Depuis les années 1970, la nouvelle condition des femmes induit une évolution des rôles paternels. Le sujet « père » résulte alors de mille pressions hétérogènes, biologiques (XY), développementales (petit garçon sécurisé ou non), historiques (père héros vénéré ou tyran détesté) et économiques (père étranger dans son foyer, ou aidant de la mère). Il y a une sorte de vérité maternelle quand l'enfant se développe en se référant au corps maternel dont il reçoit l'empreinte alors qu'il n'a qu'une représentation paternelle, une convergence de récits collectifs et intimes. Une mère met au monde un enfant et lui donne son impulsion à vivre. Quand elle n'est pas là, l'enfant s'éteint. Puis le père lance son enfant dans l'aventure sociale[1]. Le manque de mère est impossible, le pronostic vital est en jeu quand on ne propose pas à l'enfant sa mère ou un substitut affectif. Sans père, un enfant peut vivre, mais il ne sait pas où aller.

Quand le père et la mère étaient chasseurs-cueilleurs, les enfants voyaient les parents chasser et cueillir. Quand les parents sont devenus paysans au Néolithique, les enfants les accompagnaient au champ. Lors de l'ère industrielle, le père disparaissait le matin

---

[1]. Lecamus J., « La place du père dans la théorie de l'attachement », *in* D. Cupa (dir.), *L'Attachement. Perspectives actuelles*, 2000, EDK, p. 58-68.

et revenait le soir chez lui où il était servi, craint et vénéré. Aujourd'hui, dans de nombreux foyers, les deux parents disparaissent le matin, délèguent leur pouvoir protecteur et éducatif à une employée de la petite enfance, puis reviennent le soir pour le rebond affectif et le partage approximatif de l'entretien du foyer[1]. Selon les récits d'alentour, un père peut être admiré quand il chasse, héroïsé quand il part à la guerre ou descend à la mine, détesté quand il terrorise son foyer et affadi quand personne n'en parle, quand il part travailler on ne sait où, faire on ne sait quoi et revenir de nulle part. Depuis les années 1970, la culture met en scène un père donneur de soins. Les films[2], les romans et les journaux, surtout féminins, mettent la lumière sur ce père aidant de la mère. L'approche scientifique de cette nouvelle paternité est difficile tant les variables sont nombreuses, mais cliniquement on peut soutenir que le père tout-puissant n'existe pratiquement plus, que le père violent est criminalisé et que le père aidant de la mère prend la place qu'il peut sans qu'on sache encore en évaluer les effets.

Quelques observations proposent une autre hypothèse. Ce qui tutorise le mieux le développement d'un

---

1. Lamb M. E., « The history of research on father involvement : An overview », *Marriage and Family Review*, 2000, 29 (2-3), p. 23-42. Lamb M. E., *The Role of the Father in Child Development*, New York, John Willey and Sons, 2003.
2. *Kramer contre Kramer*, film de Robert Benton, 1979.

enfant, ce n'est pas la différence homme-femme qu'il perçoit clairement, c'est l'entente, l'harmonisation du couple qui structure la niche des premiers mois. Notre culture occidentale, en divinisant la mère, l'a rendue prisonnière de la maternité. Une observation expérimentale peut étudier les interactions de la triade mère-père-bébé[1]. Un jeu de miroirs filme les trois partenaires en face-à-face dans des situations de jeu et d'échanges verbaux. Ces petits scénarios familiaux révèlent des évidences que nous ne savions pas voir. 30 % des couples parentaux exposent des difficultés. Quand les parents accablés s'expriment tristement, le bébé manifeste des comportements de retrait, des sursauts et de l'irritabilité[2]. Âgé de quelques mois, il ne comprend pas encore les mots, mais il ressent nettement la sensorialité accablée de ses parents. L'expression des émotions parentales fait impression en lui. Quand ce type de relation est durable, l'enfant finit par acquérir un style relationnel fait de retrait, de sursauts et d'activités autocentrées[3]. La souffrance parentale lui a fait acquérir un mode de socialisation difficile.

---

1. Fivaz-Depeursinge E., Corboz-Warnery A., *Le Triangle primaire. Le père, la mère et le bébé*, Paris, Odile Jacob, 2001.
2. Tamminen T., Puura K., « Infant/early years mental health », *in* A. Thapar *et al.* (dir.), *Rutter's Child and Adolescent Psychiatry*, Oxford, Wiley-Blackwell, 2015, p. 84-87.
3. Guedeney A. *et al.*, « Social withdrawal behavior in infancy : A history of the concept and a review of published studies using the alarm distress baby scale », *Infant Mental Health Journal*, 2013, 34 (6), p. 516-531.

Depuis quelques décennies, les dépressions maternelles augmentent : 20 % des jeunes mères dépriment[1]. Les chiffres varient énormément (de 10 à 40 %) selon l'histoire de la mère, les relations familiales et surtout le facteur aggravant de la précarité sociale. Quand un bébé sain exprime ses besoins, si la mère est épuisée, elle ressent ses demandes comme une exigence insupportable. Abattue, elle répond tardivement ou avec exaspération. Ces interactions altérées sont nettement perçues par le bébé, qui n'est pas sécurisé. Les demandes du petit deviennent maladroites, ce qui aggrave l'épuisement maternel, dont les réponses mal adaptées augmentent l'insécurité du bébé[2].

Quand tout va bien, un bébé dort dix-sept à dix-huit heures par jour lors des premiers mois. Son rythme veille-sommeil doit s'adapter à celui de ses parents. Leurs réponses apaisantes finissent par synchroniser le rythme de l'enfant avec celui des adultes. Il y a des différences individuelles selon la maturation du cerveau de l'enfant et selon l'état mental des parents. En appliquant cette observation triadique aux premiers jours de l'existence, on a pu observer comment un couple prend place autour du nouveau-né. Ce qui structure

---

[1]. Sutter-Dallay A.-L., *Impact des syndromes dépressifs maternels post-nataux précoces sur le développement cognitif et moteur du nourrisson*, thèse de psychologie, université Bordeaux-II, 2006. Et Tychey C. de, Spitz E. *et al.*, « Prévalence de la dépression prénatale et stratégies de *coping* », *Neuropsychiatrie de l'enfance et de l'adolescence*, 2004, 52 (5), p. 261-265.
[2]. Mikoajczak M., Roskam I., *Le Burn-out parental. L'éviter et s'en sortir*, Paris, Odile Jacob, 2020.

l'environnement sensoriel précoce, c'est l'articulation des mondes mentaux des parents.

Je me souviens d'une observation réalisée à l'hôpital de La Seyne-sur-Mer où j'avais demandé aux obstétriciens de simplement noter la première phrase prononcée quand on présentait le nouveau-né dans le triangle parental. Quand le père entre pour faire connaissance avec son bébé, quelques mots sont prononcés. La plupart du temps, ce sont des mots de charme, d'accueil et de filiation. On entend alors : « Qu'il est mignon », puis : « Bienvenue chez les Dupont », et enfin : « Il ressemble à son père… à mon père… à ta grand-mère », à qui vous voudrez, ce qui compte, c'est de l'inscrire dans une lignée.

Parfois ces mots révèlent comment la triade va s'organiser de manière discordante : « Va-t'en, laisse-nous seules », dit une mère à son mari, qui fait demi-tour. On peut prévoir que cette mère va bien s'occuper de la petite fille, qui aura du mal à découvrir son père. Pourquoi la mère n'a-t-elle pas voulu partager son bébé ? Pourquoi le père n'a-t-il pas pris sa place ? L'explication se trouve probablement dans l'histoire de chaque parent, qui a attribué une signification particulière au bébé. « Je la veux pour moi seule », a peut-être pensé sa mère. Le mari, en s'inclinant, a laissé s'organiser autour de l'enfant un champ affectif où le bébé a reçu l'empreinte de la mère et l'ombre de son père.

Dans une autre triade la mère dit à son mari : « Pardon… je t'ai fait une fille. » En exprimant ainsi sa propre représentation d'être une femme et sa culpabilité de ne pas avoir offert un garçon à son mari, cette femme fournit un indice de ce qui organisera l'environnement précoce du bébé, comme si elle avait dit : « Les hommes sont le premier sexe, nous ne sommes que des femmes. »

La plupart du temps, l'observation triadique enregistre une grande gaieté entre les partenaires. Le tour de parole est un précieux indice pour repérer l'harmonisation des mondes mentaux des deux parents. Le bébé se retrouve ainsi entouré par des mots qui, à ce stade de son développement, sont des objets sensoriels qui transportent de l'affectivité : prosodie dure, prosodie amusante, prosodie tendre, les mots ont une fonction affective bien plus qu'informative. Quand les mondes mentaux des deux parents sont harmonisés par le tour de parole, le bébé acquiert un rythme alternant que l'on peut observer sur les enregistrements. Quand la mère parle, le bébé, très intéressé, observe attentivement son flux parolier, ses mimiques faciales et ses gestes, qui composent pour lui un objet multisensoriel. Puis, quand c'est au tour du père et que la mère lui laisse la parole, c'est un autre objet sensoriel, avec une sonorité plus grave, d'autres mimiques, d'autres gestes qui marquent leur empreinte biologique dans la mémoire du petit.

Quelques années plus tard, quand l'enfant répondra aux tests de l'attachement[1], il dira : « J'aime beaucoup parler avec mes parents, me confier à ma mère, demander conseil à mon père », révélant par ces phrases qu'il a acquis l'attachement sécure qui donne confiance et dynamise les relations. La petite fille dont la mère a dit au père « Va-t'en… laisse-nous seules » n'aura pas acquis une empreinte forte du père, et peut être même aura-t-elle acquis une empreinte trop forte de la mère qui a eu le monopole de l'attachement. L'enfant traduira cette impression en disant : « Ma mère m'a toujours étouffée… J'ai du mal à devenir moi-même. » La mère ressentira cette phrase comme une injustice : « Moi qui ai tout fait pour elle ! » Elles auront raison toutes les deux.

On peut aussi imaginer un scénario triadique où le père en coupant sans cesse la parole à sa femme plante dans le monde mental de l'enfant une sensation d'agression, de domination paternelle. L'enfant dira : « Mon père écrasait ma mère », ignorant que cet homme avait renoncé à son épanouissement personnel pour se consacrer au bonheur de sa femme.

---

1. Miljkovitch R., Borghini A., Pierrehumbert B., *Évaluer l'attachement. Du bébé à la personne âgée*, Savigny-sur-Orge, Éditions Duval, 2019.

Percevoir un monde, c'est déjà l'interpréter

L'écologie où habite un enfant ne cesse de s'élargir. Au début, dans l'utérus, les premières divisions cellulaires de l'embryon reçoivent la pression des substances chimiques, essentiellement hormonales. Très tôt dans l'utérus dilaté, le fœtus est informé des émotions maternelles par les substances de stress provoquées par ses relations difficiles ou par sa précarité sociale. Après la naissance, dans les bras de sa mère, il reçoit d'autres informations qui lui font découvrir un monde paternel où l'objet mâle est « différent-associé » à l'objet femelle. Les deux parents produisent des mots et des gestes affectifs qui structurent l'habitat de l'enfant. La verbalité ne désigne pas encore des objets éloignés, impossibles à percevoir. Dans ce monde qui s'élargit, l'enfant découvre des figures d'attachement secondaires : la grande sœur, la nounou et le chien, à la fois étranges et familiers. Chacun de ses objets marque une empreinte plus ou moins durable selon le niveau de développement de l'enfant et le contexte de la niche. La neuro-imagerie constate que, dès qu'il a été façonné par le milieu, le cerveau donne au monde qu'il perçoit une forme que le sujet appelle « réalité ». Cette lente et incessante construction de l'appareil à voir le monde explique pourquoi l'évidence de l'un n'est pas l'évidence de l'autre.

Je me souviens d'un couple de jumeaux dizygotes (un garçon et une fille), nés en 1970, de parents soixante-huitards. Les enfants avaient la trentaine quand j'ai bavardé avec eux. Le garçon m'a raconté : « On a eu une enfance merveilleuse. Nos parents nous laissaient une liberté totale, ils refaisaient le monde jusqu'à 4 heures du matin en buvant des coups et en fumant des joints. On dormait n'importe où, chez qui on voulait. Je n'allais pas souvent à l'école, mes parents ne me l'ont jamais reproché. » La fille m'a dit : « On a eu une enfance difficile. Nos parents ne pensaient qu'à eux, ils n'étaient jamais là. Je me suis sentie mieux quand ils ont accepté de me mettre en pension. » Les jumeaux avaient été portés par la même mère, dans la même niche parentale, dans le même contexte social, et pourtant leur vision du monde était très différente. La même situation était nommée « liberté » par l'un et « abandon » par l'autre. Une génétique différente (XX et XY) dans un même milieu utérin, dans un même foyer, dans un même contexte social, avait donné à chaque enfant une direction opposée. On peut aussi penser que, déjà dans l'utérus, l'un, plus proche du placenta, vivait dans un univers plus sonore que l'autre. Au moment de la naissance, celui qui était sorti le premier n'avait pas tambouriné dans le même défilé pelvien qui, pour le deuxième, était plus élargi. Déjà leurs mondes sensoriels étaient dissemblables, déjà leur génétique ne leur donnait pas la même sensibilité et déjà la représentation de soi leur indiquait des directions différentes.

Les observations avec les jumeaux réalisent une sorte d'expérimentation naturelle où l'on voit que, même quand la génétique est identique, comme chez les jumeaux homozygotes qui partagent pratiquement les mêmes gènes, le contexte sensoriel peut impulser des trajectoires distinctes.

Il n'est pas rare dans l'adoption qu'un enfant qui a hérité d'un potentiel génétique soit confié à un milieu éducatif de moindre risque que celui de ses parents biologiques. Par cette expérimentation « naturelle », on peut recueillir des résultats carrément opposés. Un milieu d'adoption favorable n'empêche pas un enfant de se développer vers un autisme ou une schizophrénie[1]. À l'inverse, un enfant issu d'un milieu défavorisé obtiendra des résultats scolaires et un quotient intellectuel proches de ceux de ses parents adoptifs. Mais quand la niche des premiers mois a été un isolement sensoriel intense et durable, le cerveau non stimulé précocement a du mal à reprendre un développement résilient.

J'ai eu l'occasion de côtoyer un jeune homme qui incarnait l'équilibre et la joie de vivre. Il partageait son

---

1. Pienari P. *et al.*, « Genetic boundaries of the schizophrenia spectrum : Evidence from the Finnish Adoptive Family Study of Schizophrenia », *American Journal of Psychiatry*, 2003, 160 (9), p. 1587-1594.

temps entre un métier de soins et un bateau à voile où il habitait. C'était l'époque où la culture s'indignait de l'effet aliénant des hôpitaux psychiatriques. Un jour, dans un petit port, il rencontre une jeune femme un peu alanguie qui lui confie qu'elle est soignée à l'hôpital psychiatrique du secteur. Les deux jeunes gens sympathisent et l'infirmier la trouve charmante. Comme il a lu Michel Foucault et les antipsychiatres, il est indigné qu'on donne des neuroleptiques à une si gentille personne. Il décide de la sauver et l'invite à naviguer quelques jours avec lui. Le bon air, la mer et la gentillesse du jeune homme justifient l'arrêt des médicaments. La jeune femme, en effet, se sent rapidement mieux puisqu'elle ne ressent plus les effets secondaires du traitement. Au quinzième jour de navigation, soudain, explosent des hallucinations et un délire effrayant qui obligent son compagnon à la ramener à l'hôpital psychiatrique. Elle redevient calme et totalement indifférente à l'annonce de sa grossesse. Elle refuse de quitter l'hôpital et se rend à peine compte qu'elle a mis au monde un petit garçon. Le jeune homme, convaincu qu'il est capable d'être un bon père, décide d'élever l'enfant. Ce foyer monoparental est chaleureux, l'école et le sport constituent un milieu favorable pour l'enfant jusqu'à l'âge de 18 ans où, soudain, il exprime les mêmes hallucinations et le même délire que sa mère qu'il n'a jamais connue.

Cette anecdote illustre la tendance actuelle à expliquer la schizophrénie par un déterminisme génétique seul. Cette cause est possible mais elle n'est pas inexorable puisque ce trouble psychotique s'exprime différemment selon les milieux. Quand le contexte est soutenant, le développement paraît normal, mais dès que l'adolescence arrive avec ses nécessaires prises de risques sexuels et sociaux, la vulnérabilité se révèle et le sujet s'effondre.

Grâce aux méthodes qui associent la génétique et l'adoption, on peut démontrer le contraire de ce que je viens d'exposer. Il arrive qu'une partie de la fratrie soit donnée à l'adoption par des parents en grande précarité et de faible niveau éducatif, tandis que les autres frères et sœurs restent dans ce foyer vulnérable. Vingt ans plus tard, les enfants adoptés ont rejoint le niveau intellectuel et scolaire de la famille adoptante (à condition qu'il n'y ait pas eu d'isolement précoce) comme si, dans ce cas, le déterminant génétique n'avait pas d'importance[1]. Il y aurait donc des points de départ génétiques peu infléchis par les pressions du milieu et d'autres pressions venues de l'organisation du milieu plus influentes que la génétique.

L'épigénétique constitue cette force infléchissante plus ou moins efficace selon le domaine exploré

---

1. Van IJzendoorn M. H., Juffer F., « Adoption is a successful natural intervention enhancing adopted children's IQ and school performance », *Current Direction in Psychological Science*, 2005, 14 (6), p. 326-330.

(psychose ou école) et selon l'âge du sujet variablement impacté par le milieu. Plus l'adversité est précoce, plus les effets sont durables et délabrants. Les traumas spectaculaires sont les plus faciles à observer, mais les traumas insidieux sont très destructeurs car ils se répètent chaque jour et finissent par tracer dans le cerveau des circuits qui orientent les stimulations vers l'amygdale rhinencéphalique, socle neurologique des émotions insupportables[1]. Une altération du milieu à une période où le cerveau bouillonne imprègne dans l'esprit du tout-petit des facteurs de vulnérabilité. Un nid précoce altéré explique la tendance d'un organisme à se développer en direction de certaines maladies chroniques de l'adulte : obésité, diabète, maladies cardiovasculaires et respiratoires[2].

C'est durant la période sensible des 1 000 premiers jours qui commence quand le couple devient fécond et se termine vers l'âge de 2 ans, quand l'enfant accède à la maîtrise des mots, que le milieu écologique inscrit le plus facilement les tendances développementales[3].

La première tendance acquise, c'est le style d'attachement : dans toute population de bébés âgés de

---

1. Meaney M. J., O'Donnel K. J., « Epigenetics and developmental origins of vulnerability and mental disorders », in A. Thapar *et al.* (dir.), *Rutter's Child and Adolescent Psychiatry*, Oxford, Wiley-Blackwell, 2015, p. 317-329.
2. Simeoni V., « De la conception à deux ans : comment l'environnement et l'épigénétique conditionnent notre santé future », *Developmental Origins of Health and Disease*, Lausanne, 8 mars 2016.
3. Commission « 1 000 premiers jours », *Les 1 000 premiers jours. Là où tout commence*, rapport au gouvernement, septembre 2020.

10-12 mois, deux tiers d'entre eux ont acquis un attachement sécure qui leur donne confiance et facilite les interactions. Mais, dans un tiers des cas, c'est un attachement malaisé, distant, agressif ou confus que l'enfant a acquis dans un milieu réellement adverse ou que l'enfant ressent comme une adversité[1].

On admet aujourd'hui qu'il y a une forte relation entre une adversité précoce et des troubles durables qui se manifestent au cours du développement. Ils peuvent être réactivés plus tard, lors d'une période critique de l'existence, comme l'adolescence, la formation du couple, la naissance d'un enfant ou même le grand âge. Ces effets à long terme ne sont pas dus à une seule cause, ils sont attribuables à une suite cumulative, l'« effet tapis roulant » d'une défaillance précoce qu'on a laissée se développer sans intervenir[2]. Quand on abandonne un bébé « mal parti », la trace du manque se renforce et entraîne une cascade d'échecs relationnels et sociaux. Le petit, mal étayé, ne peut que se centrer sur lui-même puisque l'altérité est défaillante. Il apprend mal les rituels d'interaction avec ses figures d'attachement et ses camarades de crèche. Privé d'occasion de parler, c'est avec un langage réduit, un stock de deux cents mots, qu'il entre

---

1. Rutter M., « Clinical implications of attachment concepts : Retrospect and prospect », *Journal of Child Psychology and Psychiatry*, 36 (4), 1995, p. 549-571.
2. Maughan B., Collishaw S., « Development and psychopathology : A life course perspective », *in* A. Thapar *et al.* (dir.), *Rutter's Child and Adolescent Psychiatry*, *op. cit.*, p. 12.

à l'école maternelle[1]. Il comprend mal les consignes qui stimulent ses petits copains les « bien partis » qui, eux, disposent de mille mots pour établir des relations et jouer à apprendre. Déjà en retard à l'âge de 3 ans, il déteste l'école où il se sent humilié. Si on avait donné à cet enfant une affection sécurisante, la reprise d'un développement résilient aurait été facile[2]. En le laissant seul, son milieu appauvri a fixé le développement du petit à un niveau archaïque avec un faible bagage verbal.

Pour schématiser, on pourrait dire qu'à l'hérédité verticale venue des chromosomes s'ajoute l'héritage latéral qui vient des enveloppes écologiques proches, médianes et lointaines.

Le climat physique, autant que l'enveloppe affective ou le patrimoine verbal, infléchit les tendances développementales. On savait déjà que le contexte climatique modifiait la sécrétion des hormones sexuelles et des hormones de croissance[3]. La NASA vient de mesurer comment le changement d'environnement cosmique modifie non seulement la biologie, mais aussi l'équipement génétique et son expression. Deux jumeaux homozygotes ont été préparés aux vols spatiaux.

---

1. Dehaene-Lambertz G., « Images de développement cérébral », *in* S. Dehaene (dir.), *Le Cerveau en action*, Paris, PUF, 1997.
2. Rutter M., « Resilience as a dynamic concept », *Development and Psychopathology*, 2012, 24 (2), p. 335-344.
3. Bernis C., « Écologie humaine », *in* C. Susanne, E. Rebato, B. Chiarelli (dir.), *Anthropologie biologique*, Bruxelles, De Boeck, 2003, p. 631-642.

Mark est resté sur terre, tandis que Scott partait dans l'espace pendant 340 jours. Chez Scott, l'extraterrestre, la tension a été abaissée puisqu'il n'avait plus besoin de lutter contre l'attraction terrestre, ses muscles ont fondu puisqu'il ne s'en servait plus et, fait inattendu, ses télomères, à l'extrémité des chromosomes, se sont allongés lors de son voyage dans l'espace, révélant ainsi qu'on vieillit plus vite sur terre où le raccourcissement des télomères est un marqueur de vieillesse[1]. Six mois après son retour, les métabolismes et les chromosomes de Scott sont redevenus identiques à ceux de Mark, le jumeau resté sur terre. Cette observation expérimentale confirme que la pesanteur exerce une pression écologique sur le développement et le fonctionnement d'un organisme. L'altitude qui diminue la pression artérielle et augmente la synthèse des globules rouges ne constitue pourtant pas un milieu favorable aux êtres humains puisque c'est un milieu multistress qui accélère le vieillissement[2]. Mais, quand une fusée nous emmènera sur la planète Mars en 2033, nous échapperons à l'attraction terrestre et nos télomères allongés nous offriront une espérance de vie de 150 à 200 ans[3].

---

1. *Far-Flung Twins : The Genomic Effect of a Year in Space*, Science, 2019, 364 (6436).
2. Facchini F., « Les effets de l'altitude », *in* C. Susanne, E. Rebato, C. Chiarelli (dir.), *Anthropologie biologique*, Bruxelles, De Boeck, 2003, p. 429-434.
3. Bradbury R., *Chroniques martiennes*, Paris, Denoël, 1954.

Réel, science et idéologie

Ces données scientifiques sont presque toujours récupérées pour alimenter un discours idéologique. L'hérédité verticale, celle qui vient du sexe, paraît évidente, mais l'héritage latéral, celui qui vient du patrimoine, commence à peine à être analysé. L'arbre généalogique dont sont si fiers les nobles est assuré par la virginité des mères la nuit des noces et l'aspect physique des enfants (couleur de la peau, couleur des poils, morphologie). Cette filiation biologique apparente est trompeuse. La mosaïque génétique est approximative, les gènes ne sont pas solidement fixés sur les chromosomes, ils sont baladeurs[1], et parfois même la descendance n'est pas du tout génétique. À Rome, un esclave adopté devenait fils légitime donc sans rapport avec la biologie. Les dosages ADN révèlent que beaucoup d'enfants inscrits dans l'arbre généalogique ne peuvent pas être du père désigné par la mère. Le mot « bâtard » désignait un enfant né hors mariage mais qui, selon les cultures, pouvait être rejeté ou inscrit dans la filiation avec des droits variables. La descendance raconte une biologie imaginaire. Quand on se présente en disant : « Je remonte à Saint Louis », cette phrase révèle que

---

1. Zimmer C., *She Has Her Mother's Laugh*, New York, Dutton, 2018.

l'énonciateur pense qu'il porte en lui un peu de la matière du roi : « Je suis de sang royal, la qualité qui fait les monarques », pourrait-il dire.

Je propose à ce descendant qui remonte à Saint Louis un autre raisonnement : « Vous avez deux parents qui ont chacun deux parents qui ont chacun deux parents, ce qui fait qu'à la quatrième génération vous avez seize grands-parents. » Votre ancêtre Saint Louis est né en 1214, pour remonter à lui en huit siècles, en quarante-cinq générations[1], il vous a fallu 2^{45} ancêtres, soit 35 milliards d'êtres humains qui se sont accouplés pour arriver à vous mettre au monde, vous. À cette époque, en Europe, il y avait 1 million d'habitants. Comment expliquer cette discordance ? C'est que, parmi ce million de personnes, il y avait une toute petite bande d'hommes et de femmes, socialement assez proches pour réaliser les centaines de milliards d'actes sexuels qui ont mené à Votre Grandeur. On pourrait dire que ce processus biosocial réalise une endogamie presque incestueuse et que les « bien nés », à force de se marier entre eux, ont fini par constituer un isolat génétique pas toujours de bonne qualité. La dynastie des Ptolémée, en Haute Égypte, avait trouvé une solution radicale pour conserver le pouvoir et le transmettre à la descendance : il suffisait de pratiquer

---

1. Aujourd'hui, quand les femmes mettent au monde leur premier enfant, on pourrait dire qu'il y a trois générations par siècle. Mais aux XIIIe-XVIIIe siècles, les femmes étaient enceintes dès l'âge de 13-15 ans.

l'inceste et de dire que c'était par nécessité morale, pour ne pas se mélanger avec le vil peuple. Par cette méthode, le pouvoir a été transmis, en même temps que les maladies génétiques que l'on diagnostique aujourd'hui sur les momies de pharaons.

Un exemple récent de ce processus bioculturel nous est offert par le roi d'Espagne Alphonse XIII (1886-1931). Pour parvenir à le mettre au monde, dans une dynastie de onze générations, il aurait fallu que 2 048 ancêtres s'accouplent. Or les archives royales et les photos ne retrouvent que onze aïeux, ce qui revient à dire que, comme dans presque toutes les familles aristocratiques, on a marié à chaque génération les cousins et les cousines[1], ce qui au Moyen Âge était appelé inceste.

La bonne qualité biologique des « sang bleu » n'est donc pas l'hérédité, c'est l'héritage de leur patrimoine. Autour des bébés aristocrates, la niche sensorielle était structurée par un système à attachements multiples où les nounous s'occupaient des enfants dans de bonnes conditions matérielles et affectives. Les enfants de riches mouraient moins que les enfants de pauvres et, quand ils arrivaient à l'âge de l'école, les précepteurs leur apprenaient les disciplines valorisées par leur culture : lire, écrire, chasser et faire la guerre

---

1. Crist M., « Surprises de l'hérédité : nous sommes tous des bâtards », *Books*, octobre 2019, 101, p. 24.

pour les garçons ; cuisiner et faire des enfants pour les filles. Il y avait, bien sûr, des aristocrates pauvres qui côtoyaient les paysans, mais dans l'ensemble ce groupe humain se développait plutôt bien. Ils étaient plus grands et plus forts que les hommes du peuple, le maniement des armes faisait partie de leur éducation, et leur espérance de vie était proche de la nôtre. Ces aristocrates savaient lire, danser, se battre et bien se marier puisque cette manière de vivre les menait au pouvoir. Les gens du peuple, plus petits, moins forts, sans dents dès l'âge de 25 ans, souffraient de maladies de peau. Ils ne savaient pas manier les armes et mouraient très jeunes, ce qui fournissait la « preuve » de leur mauvaise qualité biologique.

Ce n'est qu'à partir de la Révolution française qu'on a cessé d'expliquer la force physique et mentale par le fait d'être bien né, et qu'on a osé penser qu'une bonne organisation sociale pouvait produire le même effet. La pensée du lignage (il est de bonne famille, elle est bien née) permettait de marier les jeunes pour agrandir la terre et conserver le château ou le magasin. En fait, le sexe faisait du social. Quand Saint-Just s'est écrié : « Le bonheur est une idée neuve en Europe », je crois qu'il voulait dire qu'une bonne organisation sociale rendait possible l'accès au bonheur. Avant cette phrase, on vivait entre deux paradis : le paradis perdu à cause de la faute originelle et le paradis à retrouver éventuellement après la mort. Entre les deux, la vie était une vallée de larmes. Pour mériter le bonheur, il suffisait d'obéir aux prêtres et aux aristocrates qui étaient grands, forts, riches et cultivés. L'idée neuve du bonheur en 1794, c'était de penser que tout citoyen pouvait y accéder, à condition que les politiciens organisent mieux la société.

Cette idée neuve, aujourd'hui, s'appelle « école ». Depuis le XIXe siècle, elle a permis l'épanouissement de tous les enfants et l'intégration des enfants de pauvres. Elle a pris tellement d'importance à notre époque qu'elle fabrique une nouvelle aristocratie, celle du diplôme. On ne construit plus une société grâce à l'art de la guerre, grâce aux bras des prolétaires et au ventre des femmes. Depuis les années 1970, c'est le diplôme qui hiérarchise les communautés. Le groupe des hauts diplômés se répartit les bons métiers, les hauts salaires, dans les beaux quartiers, équivalent moderne du château. Leurs enfants, bien nés, entrent en maternelle avec un bon langage et une agréable habileté relationnelle. Ils passent vingt-cinq ans sur les bancs de l'école puis, pendant quarante ans, ils parcourent le monde dans des hôtels confortables, et consacrent leurs trente ans de retraite à vivre de leurs plaisirs.

Les non-diplômés ont des petits métiers précaires et mal payés. L'école a été moins socialisante pour eux. La niche sensorielle qui entoure leurs enfants est instable et peu sécurisante. Vaguement aidés par l'État, ils souffrent de solitude et d'absence de projets.

À l'époque encore récente où les hommes travaillaient quinze heures par jour, le couple était contraint à la solidarité. Ces hommes ne pouvaient pas vivre sans femme à la maison. Et les femmes, grâce à la première grève des mineurs au début du XIXe siècle, n'ont plus été attelées pour traîner les chariots « de façon à ce qu'on améliorât la vie des épouses[1] ». Au XXIe siècle, avec les nouveaux métiers et la nouvelle condition des femmes, la solidarité du couple est devenue une entente et non plus une contrainte. On vit ensemble tant que chacun soutient l'autre. En cas de refroidissement affectif ou de trajectoire sociale différente, la reprise d'indépendance est plus facile.

Attachements et traditions culturelles

Nous, êtres humains, ne cessons d'inventer des cultures différentes qui disposent autour des enfants des tuteurs de développement sensoriel, affectif, verbal et culturel qui prennent des formes différentes selon les civilisations. Chez les Gusii du Kenya, la mère s'occupe des soins du corps et délègue les fonctions verbales aux

---

1. Ariès P., Duby G. (dir.), *Histoire de la vie privée*, Paris, Seuil, 1987, t. IV, p. 80-81. Et Bineau G., *Houillères aux environs de Charleroi*, Bibliothèque de l'École des mines, 1829.

hommes. Dans les sociétés polymaternelles des Hausa du Niger, le foyer est composé par au moins quatre mères. Le contact peau à peau est assuré par plusieurs figures d'attachement maternel. Chez les Dogons du Mali, le premier garçon né est donné à la mère du père. Depuis quelques années, l'allaitement très faible et la sécheresse du climat aggravent la malnutrition. Le taux de mortalité infantile (25 %) et d'attachement désorganisé (23 %) est très supérieur à celui des cultures stables dans une écologie supportable (5 %)[1].

On peut établir une comparaison transculturelle grâce à une observation expérimentale fiable et répétable. Ce test de la « situation étrange[2] » appliqué dans plusieurs pays apporte quelques données surprenantes[3] : en Europe occidentale, il y a plus d'attachements évitants, distants, maîtrisant trop l'expression des émotions. En Israël et au Japon, on s'aime de manière cyclique, on s'adore et on s'agresse, ce qui définit l'attachement ambivalent. Pour une même manifestation clinique, les causes paraissent divergentes. En Israël, les mères confiaient leurs enfants à des professionnelles, les « métapelets », pendant qu'elles allaient labourer

---

1. Van IJzendoorn M. H., Sagi A., « Cross-cultural patterns of attachment : Universal and contextual dimensions », *in* J. Cassidy, P. R. Shaver, *Handbook of Attachment*, New York, The Guilford Press, 1999, p. 713-734.
2. Ainsworth M. D. *et al.*, *Patterns of Attachment*, Hillsdale, Lawrence Erlbaum, 1978.
3. Van IJzendoorn M. H., Kronenberg P. M., « Cross-cultural patterns of attachment : A meta-analysis of the Strange Situation », *Child Development*, 1988, 59 (1), p. 147-156.

et faire la guerre. Au Japon, à l'inverse, un bébé n'est jamais laissé seul[1]. Les séquences séparation-retrouvailles expliquent l'attachement ambivalent en Israël, alors que le même style d'attachement au Japon est causé par une protection étouffante. Le morcellement expérimental recommandé pour les travaux scientifiques ne correspond pas toujours au savoir des cliniciens, qui nécessite l'intégration de données hétérogènes. Un objet propre, rigoureux, manipulable en laboratoire ne définit pas une personne avec son corps, son cerveau, sa famille, son histoire, ses croyances et beaucoup d'autres variables. Ces deux recueils de savoir sont différents et pourtant il faut les associer si l'on veut comprendre.

Il est logique de trouver des différences entre les cultures, mais ce qui est surprenant, c'est que certaines manifestations cliniques sont encore plus dissemblables à l'intérieur d'une même culture. D'une culture à l'autre, les rituels sont prescrits par des récits ou des pseudo-explications stéréotypées : « Il ne faut pas prendre dans les bras un bébé qui pleure, ça le rend capricieux » s'oppose à une autre prescription dans une autre culture : « Il ne faut jamais laisser un bébé seul, un mauvais esprit pourrait s'en emparer. » Ces prescriptions verbales organisent des interactions très différentes avec le bébé : séquences d'isolement dans le

---

[1]. Miyake K. *et al.*, « Infant temperament, mother's mode of interaction and attachment in Japan : An interim report », *Monograph of the Society for Research and Child Development*, 1985, 50 (1-2) p. 276-297.

premier cas, permanence sensorielle dans le deuxième. L'attachement ambivalent, constaté expérimentalement, provient de causes radicalement opposées.

À l'intérieur d'une même culture, on évalue des styles d'attachement plus différenciés selon le niveau socioculturel des parents[1]. Les enveloppes sensorielles sont caractéristiques de chaque culture, mais ce qui modifie le plus l'acquisition d'un style d'attachement, c'est la richesse ou la pauvreté des parents. La précarité sociale, en privant l'enfant de ses besoins fondamentaux, en le faisant grandir dans des conditions adverses de malnutrition, d'espace réduit, de faibles stimulations cognitives, d'absence de projets, altère beaucoup le tissage des liens[2]. Les enfants mal tutorisés par le milieu extérieur deviennent mal structurés à l'intérieur d'eux-mêmes, puisqu'ils n'ont pas reçu d'empreintes stabilisantes. À l'adolescence, ils coûtent cher à la société, qui devra utiliser la répression pour cadrer ces jeunes rendus impulsifs par l'absence d'entourage à une période de développement où leur cerveau encore très plastique aurait pu prendre facilement une empreinte éducative.

Mais, puisqu'on ne peut pas établir de causalité linéaire exclusive, on ne pourra pas en déduire que plus les parents sont riches, mieux les enfants seront élevés.

---

1. Cordon D. et al., *Child Poverty in the Developing World*, Bristol, The Policy Press, 2003.
2. Engle P., Black M., « The effect of poverty on child development and educational outcomes », *Ann. NY Acad. Sci.*, 2008, 1136, p. 243-256.

Les pays d'Europe du Nord (Finlande, Suède, Norvège, Danemark, Islande) ne sont pas vraiment pauvres, mais sont nettement moins riches que les États-Unis. Les enfants y sont paisiblement encadrés et beaucoup moins stimulés qu'aux États-Unis, ou dans les pays asiatiques. Lors de leurs 1 000 premiers jours, les petits Européens sont très entourés par leurs deux parents, aidés par les professionnels de la petite enfance. L'école sert à leur donner confiance et à acquérir quelques habiletés relationnelles. Les devoirs ne sont notés qu'après l'âge de 11 ans. L'évaluation des développements après 10 ans d'une telle enveloppe éducative a diminué les suicides d'adolescents (− 40%), amélioré les relations affectives et pratiquement fait disparaître l'illettrisme[1].

À l'inverse, certains pays souffrent de troubles de l'attachement, comme dans la pauvre Lituanie, la modeste Roumanie et les très riches États-Unis. Quand les parents, pour gagner beaucoup d'argent, sont obligés de se précipiter dès le matin pour mettre l'enfant en crèche, pour courir dans les transports, se disputer parce que ça ne va pas assez vite, les enfants vivent dans une niche sensorielle brutale. Privés du besoin fondamental de sécurité qui donne le plaisir d'apprendre[2], ils acquièrent le stress de la bousculade agressive, alors

---

[1]. Tove Mogstad Slinde, Norvège, participation à la Commission des 1 000 jours. Et Robert P., *La Finlande : un modèle éducatif pour la France ? Les secrets de la réussite*, Paris, ESF Éditeur, 2009.
[2]. Meirieu P. (dir.), *Le Plaisir d'apprendre*, Paris, Autrement, 2014. Et Dehaene S., *Apprendre ! Les talents du cerveau, le défi des machines*, Paris, Odile Jacob, 2018.

que leurs conditions matérielles sont excellentes. Ce qui trouble le développement de l'enfant, c'est la transaction entre ce qu'il est à un moment de son développement et ce que son milieu dispose autour de lui[1]. Certains enfants hyperactifs épuisent leurs parents, d'autres enfants inconsolables les désemparent. On a toujours tendance à réfléchir au tissage du lien de l'attachement comme s'il partait systématiquement depuis les parents en direction de l'enfant, alors qu'il s'agit d'une interaction affective. Le tricotage est réciproque[2].

Un seul facteur ne peut pas tout expliquer : « Il est devenu ambivalent depuis le jour où je n'ai pas pu aller le chercher chez la nourrice, comme je le lui avais promis. » On pourrait interpréter ce fait en disant que l'enfant a été troublé par cette promesse non tenue mais que s'il avait trouvé autour de lui une autre figure d'attachement, telle qu'une assistante maternelle ou une grande sœur, son trouble aurait été momentané[3]. Pour être à l'aise avec ces raisonnements multidéterminés, il faut s'entraîner à une attitude psycho-écologique[4]. Le sujet est au centre d'un carrefour de pressions qui

---

1. Bradshaw J. B. et al., « Children's subjective well-being in rich countries », *Innocenti Working Papers*, Unicef Office Research, 2013, https://www.unicef-irc.org/publications/pdf/rc11_eng.pdf.
2. Ambert A.-M., *The Effect of Children on Parents*, New York, The Haworth Press, 2001.
3. Gass K. A., « Are sibling relationships protective ? A longitudinal study », *Journal of Child Psychology and Psychiatry*, 2007, 48 (2), p. 167-175.
4. Bronfendenner U., « Toward an experimental ecology of human development », *American Psychologist*, 1977, 32, p. 513-531.

viennent de couches environnementales plus ou moins éloignées. Chaque strate concentrique exerce sa part de pression : la plus proche, c'est le toucher (la caresse ou le coup). Un peu plus loin, l'alimentation (le goût et sa signification affective). Encore plus loin, on trouve l'espace du logement, le quartier, l'urbanisme. Très loin dans l'abstraction, la parole et les récits représentent des événements impossibles à percevoir et pourtant ressentis au plus profond de soi-même.

La psycho-écologie est faite de couches concentriques autour d'un sujet qui évolue : l'organisme se transforme avec le temps sous l'effet des pressions de ses milieux proches, médians et lointains. C'est pourquoi une défaillance affective ou une adversité sociale n'auront pas le même effet selon le style de développement de la personne au moment de l'impact. Un délinquant est désespéré quand il perd sa liberté en entrant en prison mais, quatre ans plus tard, il est angoissé quand il retrouve la liberté. Il ne sait plus vivre dehors, où toute situation est devenue pour lui inconnue et angoissante. Un bébé isolé précocement au cours de sa première année est gravement altéré, mais s'il est secouru, les troubles disparaîtront rapidement, car la résilience neuronale, à ce stade de la plasticité cérébrale, est facile à déclencher. Mais quand l'isolement précoce a dépassé une année, les troubles neurologiques deviennent durables, et les comportements autocentrés inscrits dans la mémoire rendront le processus de résilience difficile à déclencher[1].

Un grand nombre d'enfants orphelins deviennent tristes (24 %), comparés aux enfants du même âge qui ont leurs deux parents (1 %)[2]. Quand ils sont adoptés ou quand ils vivent dans de bonnes conditions dans certaines institutions, les symptômes psychiques disparaissent facilement, surtout chez les filles[3].

C'est bien sûr en période de guerre que les facteurs de risque sont accumulés : perte d'un ou deux parents, scènes d'horreur et atmosphère d'angoisse, attente de la mort. Lors du génocide au Rwanda (1994), 78 % des enfants avaient assisté à des massacres, parfois celui de leur propre famille, et 15 % avaient survécu en se cachant sous un cadavre. Dans les années suivantes, 47 % des enfants souffraient de dépression anxieuse[4]. Dans un tel contexte, une accumulation de facteurs de risque se conjugue avec des facteurs de protection. Quand, en plein massacre, un enfant est sauvé par d'autres adultes, cette situation renforce sa vision binaire d'un monde de gentils contre les méchants.

---

1. Nelson C. R. *et al.*, « Cognitive recovery in socially deprived young children : The Bucharest Early Intervention Project », *Science*, 2007, 318, p. 1937-1940.
2. Gray L. B. *et al.*, « Depression in children and adolescents two months after the death of a parent », *Journal of Affective Disorders*, 2011, 135, p. 277-283.
3. Ludwig J. *et al.*, « Neighbourhood effects in the long-term well-being of low-income adults », *Science*, 2012, 337 (6101), p. 1505-1510.
4. Attanayake V. *et al.*, « Prevalence of mental disorders among children exposed to war : A systematic review of 7,920 children », *Mediane Conflict and Survival*, 2009, 25 (1), p. 4-19.

La probabilité d'acquérir un attachement ambivalent devient supérieure à celle de la population générale. C'est la convergence de toutes ces causes qui détermine la probabilité de demeurer fracassé ou au contraire de déclencher un processus d'évolution résiliente[1].

Période sensible neuroculturelle de l'adolescence

C'est avec toute cette construction préalable, biologique, affective, psychologique et sociale qu'un sujet arrive à la deuxième période sensible de son existence : l'adolescence.

On dit habituellement que la puberté est un phénomène biologique et que l'adolescence est un phénomène psychosocial. Cette catégorisation n'est que partiellement vraie. On a vu que la puberté d'une fille n'est pas la puberté d'un garçon. Les déterminants génétiques ont gouverné un développement différent pour chaque sexe. Dès le 14e jour de la vie embryonnaire, la construction anatomique de l'appareil génital et la sécrétion des hormones ont orienté les organismes mâles et femelles vers des morphologies différentes. Très tôt, les facteurs écologiques ont participé à cette orientation :

---

1. Cyrulnik B., interview, *International Review of the Red Cross, Memory and War*, 2015, 101 (910).

les pressions climatiques, l'altitude, l'ensoleillement, les sécrétions chimiques dans l'utérus ont structuré l'écologie proche, la première enveloppe qui tutorisait le développement des cellules. L'écologie médiane, celle de l'enveloppe affective, a marqué son empreinte dans le fœtus en transmettant l'émotion maternelle sous forme de substances de stress ou de substances de bien-être. L'épigenèse démontre comment l'histoire de la mère sculpte le cerveau de l'enfant qu'elle porte, le rendant ainsi sensible à un type d'information qu'il extrait de son milieu. L'enveloppe écologique la plus distante est composée par les déterminismes sociaux et culturels, apparemment non biologiques mais qui, quoique venus de loin, agissent sur le corps. Dans les milieux éduqués, on trouve beaucoup de niches sensorielles sécurisantes où les bébés démarrent bien dans la vie. Ce déterminisme est une probabilité et non pas une certitude, puisqu'on trouve des milieux riches très agressifs pour les enfants, souvent même à l'insu des parents. À l'inverse, dans les milieux peu éduqués, il y a une probabilité de niches sensorielles difficiles, mais ce n'est qu'une probabilité, car beaucoup de familles pauvres s'occupent très bien de leurs enfants.

C'est avec son développement organique et son histoire que le jeune arrive à l'adolescence. Lors de cette nouvelle période sensible, l'écologie sociale et culturelle qui entoure le jeune active les points forts et les points faibles de sa personne. C'est avec son capital de facteurs de protection et de facteurs de vulnérabilité imprégnés dans sa mémoire que l'adolescent va tenter de s'insérer dans son contexte social et culturel. Cette période sensible est un des virages les plus importants de son existence, c'est là que l'adolescent va se placer sur son orbite.

L'adolescence n'existe pratiquement pas dans les cultures où la socialisation des jeunes est brutale. À l'époque où le père décidait de l'avenir de ses enfants, l'entrée dans la vie adulte était une contrainte : le père disait à l'un de ses fils : « Tu iras à l'armée » et à l'autre : « Tu hériteras de mes biens, ce qui te contraint à faire mon métier. » Il disait à sa fille : « Tu épouseras le fils du drapier, qui a une forte rente annuelle, sinon tu iras au couvent. » « La famille ventilait ses jeunes et avec elle la parentèle[1]. » Dans une culture où les pères structuraient la société, beaucoup de filles se réfugiaient dans les couvents pour fuir un mariage imposé. Depuis l'Empire romain jusqu'après l'an 1000, on mariait des enfants prépubères ou, plutôt, on les promettait, les filles dès l'âge de 7-8 ans et les garçons à 10-12 ans. À partir du XIXe siècle, on plaçait les petits garçons dans un internat où ils passaient les grandes vacances seuls sans voir leurs parents[2]. Les filles étaient gardées à la maison dans une relation affective où on

---

1. Ariès P., Duby G. (dir.), *Histoire de la vie privée*, Paris, Seuil, t. I, p. 574-575.
2. Ariès P., Duby G. (dir.), *Histoire de la vie privée*, Paris, Seuil, 1987, t. IV, p. 234.

leur enseignait la couture et l'art du foyer, car on disait à cette époque qu'il était immoral et même ridicule qu'une fille apprenne à penser, on riait des « femmes savantes[1] ». Dans un tel contexte, l'adolescence n'avait pas le temps d'exister, la grande date c'était le mariage.

Ce qui a créé le peuple adolescent au XXe siècle, c'est la transaction entre la lenteur du développement biologique des êtres humains, dont le cerveau arrive à maturité à 25 ans, et la nécessité de prolonger les apprentissages pour acquérir un métier dans une technologie de plus en plus complexe. L'épanouissement de la personne est devenu une valeur morale qui justifiait les efforts de la famille et de l'État. « Au cours de ce siècle, la révolte contre la famille, contre le père, mais aussi contre la mère ou contre les frères jalousés est de plus en plus forte[2]. » Les filles n'acceptent plus le rôle qui leur était imposé depuis des millénaires. Dans une culture où la personne est devenue une valeur morale, elles estiment qu'elles sont capables de tenter cette aventure. L'écologie lointaine, sociale et culturelle vient de créer une période sensible où un jeune, garçon ou fille, doit quitter sa famille afin de s'efforcer de devenir lui-même. Ce travail est difficile car il nécessite l'harmonisation de forces hétérogènes souvent même opposées. Le jeune doit renoncer au

---

1. Molière, *Les Femmes savantes*, 1672.
2. Perrot M., « Drames et conflits familiaux », *in* P. Ariès, G. Duby (dir.), *Histoire de la vie privée*, Paris, Seuil, 1987, t. IV, p. 263.

confort affectueux de sa maman qui l'infantilise, il doit combattre l'admiration qu'il éprouve pour son père qui maintenant l'écrase, il doit larguer les amarres pour naviguer comme il l'entend mais, quand la culture ne l'encadre pas, il ne sait pas d'où vient le vent, il ne peut pas prendre son cap.

L'aventure de la personne qui est née en Provence au XIIIe siècle[1] s'étend aujourd'hui sur la planète, encouragée ou entravée selon la culture de chaque pays. Dans un milieu pauvre où l'État est faible, le garçon ou la fille pensent qu'il est de leur devoir de soutenir leurs vieux parents. La solidarité familiale se fait entre proches et apparentés, mais quand le milieu est aisé il encourage les jeunes à étudier au loin et trouver un travail dans un pays étranger. Le fait de larguer les amarres ne veut pas dire couper les ponts. On reste attaché aux parents qu'on doit quitter, mais le lien prend une forme diluée, vaguement entretenue par la communication numérique, un mail, un Skype de temps en temps. Quand le jeune a du mal à devenir lui-même, quand il est mal structuré et ne sait pas ce qu'il veut, quand la société ne lui propose pas un espace situé entre la dépendance familiale et l'indépendance sociale, l'adolescent flottant se sent mal et en rend responsables ses parents ou sa culture. Ces moments douloureux témoignent

---

1. Duby G., *L'histoire continue*, Paris, Odile Jacob, 1991.

d'une déritualisation culturelle qui n'accueille plus les jeunes.

Le virage existentiel de l'adolescence entraîne d'importantes modifications cognitives, émotionnelles et comportementales. Le corps a commencé son changement dès la puberté, mais il ne prend pas la même signification pour un garçon ou une fille. Les filles commencent leur mue avant les garçons, dès l'âge de 10 ans. Les hormones que leur corps sécrète leur donnent une tendance au doux plaisir de l'ocytocine, de la progestérone qui les alanguit et de la folliculine qui les rend amoureuses. Le fait que les femmes soient XX explique possiblement leur équilibre neuropsychologique. Quand une anomalie est portée par un chromosome X, elle peut ne pas s'exprimer quand elle est compensée par l'autre chromosome X. Ce qui n'est pas le cas des garçons pour qui le chromosome Y est fragilisant, instable, incapable de compenser une tare éventuelle portée par le chromosome X. Le chromosome Y, dit « chiffe molle », fragilise le développement neuropsychologique des garçons[1]. Dans les années qui suivent la puberté, les filles, dont le bassin s'élargit, sont fières et gênées par le bombement de leurs seins, gagnent en stabilité émotionnelle et grandissent de 20 centimètres.

Les garçons démarrent plus tard (12-13 ans) la sécrétion de vasopressine, cette neuro-hormone qui

---

1. Postel-Vinay O., *La Revanche du chromosome X*, Paris, J.-C. Lattès, 2007.

donne le plaisir de l'action ; leurs épaules s'élargissent, ils font plus de muscles et moins de graisse et gagnent 28 centimètres entre 12 et 18 ans[1]. Dans les deux sexes, la neuro-imagerie révèle un élagage synaptique. Je pensais que la flambée hormonale de l'adolescence allait provoquer un bouillonnement neuronal, c'est le contraire qui est photographié. Les synapses (l'espace qui joint deux neurones) simplifient les circuits comme si le cerveau des adolescents, enfin stabilisé, cessait de partir dans toutes les directions. Quand le cerveau réduit ses circuits, il améliore ses performances[2], il fonctionne mieux en dépensant moins d'énergie dans un monde devenu familier.

Les garçons sécrètent plus de testostérone que les filles qui pourtant en produisent, elles aussi, mais dont l'effet sur l'organisme est différent. La testostérone est tellement idéologisée que les études sont parasitées par les désirs de croire. Dans les années 1960, le discours collectif était incroyablement sexiste envers les femmes. Quand j'ai fait mes « trois jours » avant le service militaire, les autorités nous passaient des films où on nous mettait en garde contre « le danger des femmes ». Les bidasses, les deuxième classe comme moi, se racontaient

---

1. Prado-Martinez C., Nielsen A. H., « Sexual dimorphism in morphophysiological risk factors after puberty », *in* E. Bodzsar, C. Susanne, C. Prokopec (dir.), *Puberty Variability of Changes and Complexity Factors*, Budapest, Eötvös University Press, 2000.
2. Bourgeois J.-P., Rakic P., « Changes of synaptic density in the primary visual cortex of the macaque monkey from fetal to adult stage », *Journal of Neuroscience*, 1993, 13 (7), p. 2801-2820.

des histoires qui dépeignaient comment les femmes ne pensaient qu'à exploiter les hommes pour les faire travailler à leur place.

L'effet anatomique des hormones est facile à voir, mais l'effet psychologique est discutable. Quant aux récits collectifs qui racontent ce qu'est une femme ou ce qu'est un homme, il est souvent délirant. Le mot « délire », dans ce cas, n'indique pas une psychose, il désigne simplement un discours d'apparence cohérente, mais sans rapport avec la réalité. Chez les garçons, il n'est pas délirant de dire qu'à l'adolescence les organes génitaux se développent et se pigmentent, que des poils poussent sous le nez et sur le menton, que la taille et la masse musculaire augmentent en quelques années et que le larynx s'élargit tellement que les cordes vocales produisent une voix grave. Chez les filles, les stades anatomiques pubertaires s'observent également, avec apparition des glandes mammaires précédant la croissance de l'aréole du mamelon, l'augmentation de la vulve et la localisation de la graisse sur la poitrine et sur les hanches. Il faut souligner la grande précocité d'apparition chez la fille de ces modifications par rapport aux garçons. « La croissance rapide de l'adolescence est en moyenne deux ans plus précoce chez les filles que chez les garçons[1]. » Le taux des hormones

---

1. Prado-Martinez C., « La puberté : une période de crise », *in* C. Susanne, E. Rebato, B. Chiarelli (dir.), *Anthropologie biologique*, Bruxelles, De Boeck, 2003, p. 505.

sexuelles atteint son pic à 16 ans chez les filles et à 20 ans chez les garçons, ce qui explique qu'au moment du bac la fatigue de croissance est terminée pour les filles, alors qu'elle est à son maximum pour les garçons. Au moment de cette période sociale hypersensible, les filles sont des jeunes femmes émotionnellement stables, souvent fières et parfois gênées par leur métamorphose corporelle. Elles sont moins fatigables et déjà capables de gouverner leur vie quotidienne et leurs choix existentiels. Au même âge, les garçons prennent le virage de l'adolescence avec un net retard neuropsychologique, une grande vitalité associée à une extrême fatigabilité. Ils alternent des explosions physiques où ils découvrent le plaisir de se servir de leur jeune force musculaire avec des moments d'hypersomnie où leur organisme cherche à récupérer les dépenses d'énergie. Ils sont émotionnellement instables, ont du mal à planifier leur travail quotidien et alternent des moments de rêves grandioses avec de douloureux abattements. Ils ne rattraperont ce retard neuro-émotionnel que vers l'âge de 25 ans avec la maturation du cerveau... à la fin des études !

Jusque-là pas de problème : les observations anatomiques et comportementales, souvent claires, obtiennent l'accord du plus grand nombre. Les conflits passionnés apparaissent dès qu'on essaie d'étudier comment les hormones modifient les émotions à la jonction du corps et de l'esprit. Les animaux, parce qu'ils permettent un regard plus éloigné, nous proposent quelques observations. Les jeux des mammifères sont très tôt sexualisés[1]. Les petits mâles macaques aiment jouer dans les flaques d'eau et s'empiler dans des mêlées de rugby où l'on voit rarement des femelles. Elles préfèrent jouer à porter des rondins qui préfigurent peut-être les petits qu'elles auront à porter un jour. Ces observations sont fragiles. Ce que l'on peut retenir, c'est qu'il y a, avant la puberté, des comportements « comme si ». Le petit putois mâle « joue » à courir après une femelle qu'il saisit par le cou. Après la puberté, c'est ce que feront ces animaux quand ils s'accoupleront pour de bon[2]. Les jeux animaux constituent une sorte d'entraînement à ce qu'ils auront à faire sérieusement plus tard : courtiser, se bagarrer, se cacher, s'occuper d'un petit. Les comportements dits de jeu révèlent la curiosité de l'animal et son appétence à apprendre. Il faut souligner que, pour s'accoupler, un mâle n'a pas à apprendre les mêmes comportements qu'une femelle. Cette différence permet l'harmonie de la rencontre sexuelle : quand un petit a été isolé sensoriellement, il n'a pas eu la possibilité de s'entraîner aux jeux sexuels, il ne saura pas s'accoupler quand les hormones de la puberté le motiveront. L'isolement précoce lui a fait perdre le plaisir de s'entraîner à la bagarre, au sexe

---

1. Bensch C., *Jeux de velus. L'animal, le jeu et l'homme*, Paris, Odile Jacob, 2000.
2. Eibl-Eibesfeldt I., *Éthologie. Biologie du comportement*, Paris, Naturalia et Biologica, Éditions scientifiques, 1972, p. 224-225.

et aux soins d'un petit. Le carencé ne joue pas « à faire comme si » et, quand le moment du sexe réel arrive, il ne sait pas se battre, s'accoupler ou s'occuper d'un petit.

Les femelles rates construisent des nids avec des brindilles de bois et des morceaux de papier déchiquetés. Quand on leur « administre des hormones mâles pendant une phase sensible embryonnaire ou de leur prime jeunesse [...], les hormones produisent une inversion sexuelle[1] ». Les hormones n'ont pas le même effet selon l'équipement génétique et le niveau de développement organique. Les incessantes transactions entre la structure de l'organisme et la structure de son environnement ne cessent de modifier l'effet des hormones. Si on injecte des hormones mâles à une femelle âgée, elle n'inverse pas ses comportements sexuels. Si on administre des hormones femelles à un rat mâle adulte, il devient moins agressif mais ne construit pas un nid. Déjà chez les animaux, de nombreuses variables interviennent pour modifier l'effet des hormones sexuelles : le climat, le stress, l'isolement et le surnombre.

Les êtres humains connaissent ces transactions incessantes entre les déterminants biologiques intérieurs et les déterminants écologiques extérieurs. Ils y ajoutent les déterminants verbaux. Les enfants humains passent par le stade où les jeux moteurs donnent le plaisir de

---

1. *Ibid.*, p. 31.

secouer un objet, de le lécher pour faire sa connaissance ou de le jeter par terre pour établir une relation avec l'adulte qui ira le ramasser. Les enfants qui ont été précocement isolés ont perdu le plaisir du jeu qui les aurait invités à explorer et à apprendre ce qui se fera plus tard « pour de bon ». Mais, dès la troisième année, quand ils accèdent à la parole, ils créent avec des mots des scénarios imaginaires où ils se préparent à mettre au point leur futur rôle sexuel et social. Dès lors, ils voient autour d'eux un scénario comportemental mis en scène par les modèles qui dépendent de chaque parent et de chaque culture. Le bébé ne répond plus seulement à des stimulations de survie, il intériorise des récits culturels. Dans les générations précédentes, un enfant voyait qu'une maman peut mettre au monde un autre bébé et l'allaiter, pas un papa. Une maman met des vêtements de femme et un papa en porte d'autres car chacun prend une place particulière dans le foyer et la société.

En grandissant, l'enfant entend d'autres énoncés qui sont des prescriptions comportementales : « Un garçon ne pleure pas… Une fille est douce… » L'enfant qui entend ces phrases à un stade précoce de son développement se demande : « Je sais que je suis un garçon/une fille, qu'est-ce que ce fait implique ? Quels sont les comportements déterminés par cet énoncé émis par des gens que j'aime et qui me protègent ? » De telles déclarations structurent une écologie verbale qui entoure l'enfant à une période sensible de son développement où il peut apprendre à toute allure. Les représentations verbales sont à l'origine de sentiments réellement éprouvés, ressentis au plus profond du corps parce qu'ils s'inscrivent dans la mémoire biologique de l'enfant. C'est ainsi que les femelles de singe vervet deviennent particulièrement sensibles aux cris émis par leur mère et par d'autres femelles[1], alors que « les mâles s'influencent en "notifiant" » aux autres mâles, grâce à un scénario comportemental précis, vers quelle zone intéressante (point d'eau, nourriture) il faut s'orienter[2]. Les enfants humains s'imprègnent des énoncés qui leur disent comment il est moral de se comporter, afin de se faire aimer par ses proches et accepter par la société.

Socialisation sexuée

L'adolescent doit transformer ses relations avec ses parents de façon à ne plus être « le petit ». Les jeunes qui, avant cette période, avaient acquis un attachement sécure s'appuient affectueusement sur leurs parents pour devenir autonomes, c'est le cas de 70 % des

---

1. Dasser V., « Cognitive complexity in primate social relationships », *in* R. A. Hinde, A.-N. Perret-Clermont, J. Stevenson-Hinde (dir.), *Social Relationships and Cognitive Development*, Oxford, Clarendon Press, 1985.
2. Vauclair J., Kreutzer M. (dir.), *L'Éthologie cognitive*, Paris, Éditions de la Maison des sciences de l'homme, 2004, p. 186.

ados. La période où s'effectue ce processus est variable puisqu'elle dépend du développement du sujet autant que de l'accueil par le contexte social et culturel. À la question : « Pour devenir autonome, voulez-vous que votre mère vous aide ? », la réponse a été un « non » vigoureux[1]. Ce qui ne veut pas dire que les ados n'en auraient pas besoin, mais ce qui révèle qu'ils ne sont pas fiers d'en avoir encore besoin.

Lorsqu'un adolescent a acquis un attachement insécure, distant ou ambivalent (30 %), il a peur de se lancer dans l'aventure sociale, alors il reproche à ses parents de ne pas lui avoir donné cette force : « Vous ne m'avez pas armé pour la vie », dit-il à ses parents quand il a peur de l'existence. Certaines organisations culturelles tendent la main à ces ados insécures pour les aider à devenir autonomes. Le scoutisme, le sport[2], la marche en groupe[3], les premières années à l'université, une école professionnelle, quelques années sabbatiques comme en Suède ou aux États-Unis où une association encadre discrètement le virage de l'adolescence. Pour les parents, il est difficile d'aider ses ados et il est impossible de ne pas les aider. Lorsque l'environnement social et culturel ne tend pas la main à ces jeunes en leur offrant un cadre intermédiaire, on note

---

1. Allen J. P., Land D., « Attachment in adolescence », in J. Cassidy, P. R. Shaver, *Handbook of Attachment*, New York, The Guilford Press, 1999, p. 323.
2. Cyrulnik B., Bouhours P., *Sport et résilience*, Paris, Odile Jacob, 2019.
3. Le Breton D., *Éloge de la marche*, Paris, Métailié, 2000.

que les orages familiaux sont fréquents et douloureux (12 %). Dans la population des ados insécures (évitants, préoccupés, impulsifs...), le risque de tension est nettement plus élevé que dans la population des ados sécures[1].

On commence à étudier un attracteur puissant qui se trouve dans cet espace intermédiaire entre la famille et la société, qui est la bande de copains. Les garçons utilisent cette base de socialisation groupale, comme ils le faisaient à l'école. Les filles préfèrent établir un lien avec leur meilleure amie. Mais après un trauma, « les hommes inclinent à réserver le partage de leurs émotions à leur épouse ou leur compagne [...], alors que les femmes entretiennent un réseau diversifié de partenaires[2] ». On pourrait presque dire que les garçons se socialisent en bande d'adolescents et, en cas de malheur, ils se confient à une femme susceptible de les comprendre, à une figure d'attachement. Les filles ont une socialisation plus discrète mais, en cas de difficulté, elles partagent leur peine avec qui veut bien les entendre (une amie, un prêtre, un psychologue), leur figure d'attachement est moins individualisée.

L'orientation sociale se fait différemment selon le sexe et selon le style d'attachement. Les garçons et les filles qui ont acquis auparavant un attachement

---

[1]. Rosenstein D. S., Horowitz H. A., « Adolescent attachment and psychopathology », *Journal of Consulting and Clinical Psychology*, 1996, 64 (2), p. 244-253.
[2]. Rimé B., *Le Partage social des émotions*, Paris, PUF, 2005, p. 95.

sécure cherchent à l'adolescence à s'intégrer dans un groupe de jeunes, eux aussi sécures, ce qui facilite leur socialisation. Mais ceux qui ont subi des conditions de développement difficiles se sentent écrasés par les adultes et méprisés par les ados sécures. Ils préfèrent rester entre ados mal socialisés où ils ont une moins mauvaise opinion d'eux-mêmes. Alors ils expliquent leurs difficultés en parlant d'injustice sociale, ce qui est souvent vrai[1]. Ils rendent les autres responsables de leur difficile socialisation, ce qui, en les déresponsabilisant, facilite leur décrochage. Les filles insécures qui maîtrisent mal leurs émotions ont leur première relation sexuelle beaucoup plus tôt que les filles sécures, ce qui altère leur socialisation. Les filles insécures qui rêvent de mariage en blanc et de couple stable s'orientent vers une vie de couple souvent rompue, alors que les filles sécures, tolérantes pour la cérémonie et pour d'éventuelles aventures extraconjugales, évoluent au contraire vers une vie de couple stable et fiable qui facilite la socialisation[2].

Le virage de l'adolescence est parfois brutal : changement de religion pour s'éloigner des parents, fréquentation de jeunes détestés par les parents, maltraitance

---

1. Treboux D., Crowell J. A. et al., « Social network influences on adolescent sexual attitudes and behaviors », *Journal of Adolescent Research*, 1994, 5 (2) p. 175-189.
2. Januszewski B., Turner R. et al., « Working models of attachment, socio-sexual orientation and sexual problems », cité *in* J. P. Allen, D. Lan, « Attachment in adolescence », *in* J. Cassidy, P. R. Shaver, *Handbook of Attachment*, New York, The Guilford Press, 1999, p. 327.

des parents qui sont battus plus souvent qu'on le croit[1]. Ce virage douloureux ne peut pas être expliqué par une causalité linéaire : « Il bat son père parce qu'il a été battu. » C'est une discordance de causes qui peut expliquer ces adolescences déchirantes. Quand un secret familial insécurise les relations, quand une pléthore affective engourdit le développement de l'empathie, l'enfant devient un adolescent qui ne cherche pas à découvrir le monde mental de ses parents. Pour lui, ce sont des serviteurs qu'on peut battre quand ils ne servent pas assez vite.

On peut faire des prédictions sur une population, mais pas sur les individus qui composent cette population. On peut dire qu'une population d'adolescents insécures mal socialisés fournira une proportion importante des demandes d'aide psychologique et sociale. On peut aussi constater qu'un adolescent évitant, peu intéressé par les relations sociales, se sent mieux à l'école, sans copains, caché derrière ses livres, ce qui fera de lui un bon élève qui trouvera un travail. Souvent, un effondrement social prive l'adolescent des relais intermédiaires qui l'auraient aidé à quitter sa famille sans rompre le lien d'attachement. Quand l'ado arrive à l'âge de l'autonomie, même s'il a acquis un attachement sécure, il se retrouve face au vide dans une société

---

1. Pereira R., Bertino L., Alameda A., Cyrulnik B., *Psicoterapia de la violencia filio-parental*, Bilbao, Psicología, 2011.

où rien ne l'accueille. C'est ce qu'on a vu dans l'Italie ruinée des années 1950 où les ados bien développés erraient dans des villes désertes où la socialisation était impossible[1]. Il ne faut pourtant pas en déduire que la ruine d'un pays favorise la désocialisation des jeunes, car les Arméniens après le génocide de 1915 et les Juifs européens après la Shoah ont inventé des institutions intermédiaires à Beyrouth, Bruxelles et Paris qui, malgré une très grande pauvreté matérielle, mais dans une grande richesse affective et culturelle, ont brillamment socialisé un grand nombre d'enfants traumatisés par ces génocides[2]. À force de mettre l'accent sur les mères, qui sont importantes bien sûr, on a oublié les pères. À force de mettre l'accent sur la famille, qui est importante bien sûr, on a oublié l'extrême pouvoir socialisateur des institutions intermédiaires, religieuses, culturelles et sportives.

On peut alors se demander pourquoi, dans notre culture où la technologie est miraculeuse et où le soutien de l'État est important, il y a tant de souffrance chez les adolescents. Les enquêtes nous apprennent que 35 % des jeunes de moins de 18 ans manifestent des bouffées de souffrance psychique plus ou

---

1. *I Vitelloni*, film de Federico Fellini, 1953.
2. Kévorkian R., Nordiguian L., Tachjian V., *Les Arméniens. La quête d'un refuge (1971-1939)*, Beyrouth, Presses de l'Université Saint-Joseph, 2007. Et Fossion P., Rejas M. C., *Siegi Hirsch : au cœur des thérapies*, Toulouse, Érès, 2005. Et Hazan K., Klarsfeld S., *Le Sauvetage des enfants juifs pendant l'Occupation dans les maisons de l'OSE 1938-1945*, Paris, Somogy, 2009.

moins durables[1]. Après l'adolescence, 43 % de jeunes éprouvent des moments de tristesse anxieuse qu'ils parviennent à surmonter. C'est beaucoup de souffrance dans un peuple adolescent qui ne se débrouille pas si mal que ça. Les ados fument moins ces dernières années (de 36 à 11 %). Les bagarres à l'école et dans la rue, qui étaient la règle il y a deux générations, deviennent moins fréquentes aujourd'hui. Les grossesses précoces sont plus rares. Les suicides ont diminué, et 75 % des ados déclarent qu'ils aiment l'école et estiment leurs professeurs. Alors où est la faille ? Le fait qu'une population d'ados évolue plutôt bien n'exclut pas que ces ados connaissent des moments douloureux, qu'ils parviennent à surmonter.

Quand je regarde les photos de classe des lycéens des années 1950, je suis étonné de voir ce que Paul Valéry appelait « les petits messieurs ». On ne pouvait entrer au lycée que si l'on avait une chemise blanche et une cravate. Le surveillant général nous renvoyait si l'on était mal habillé. Un vêtement convenable était un symptôme de société normalisante où la mixité n'était pas pensable. Elle aurait pris une signification presque perverse quand la proximité des sexes risquait de donner des idées. Il paraissait moral de séparer les sexes. Les filles, dans leurs lycées, subissaient la contrainte

---

1. Unicef-France, « Consultation nationale des 6-18 ans : écoutons ce que les enfants ont à nous dire ! », 2014, https://www.unicef.fr/article/consultation-nationale-des-6-18-ans-ecoutons-ce-que-les-enfants-ont-nous-dire.

des jupes plissées bleues et des chaussettes blanches. Les règlements vestimentaires donnaient à voir comment la société pensait la condition des sexes : les garçons, petits messieurs déjà responsables, et les filles, correctes, apprenaient la bonne vie. Une fille en pantalon aurait été considérée comme une future femme de mauvaise vie, et un garçon sans cravate aurait été appelé rebelle. Les rôles sociaux étant ainsi distribués et donnés à voir, les garçons étaient responsabilisés dès la préadolescence, comme si le discours social leur avait fait passer le message : « Un jour, vous aurez à prendre en charge une femme et des enfants, vous devez donc vous préparer à cette responsabilité. » Les grands garçons se préparaient. Ils prenaient au sérieux ces prescriptions sociales et jouaient leur rôle de petits messieurs. Les filles entendaient un autre discours : « Vous devez être jolies et convenables, car un jour vous aurez la responsabilité d'un foyer. Vous devez soutenir un mari et élever vos enfants selon nos règles religieuses et sociales. Ce sera votre morale. » Soixante-dix ans plus tard, en regardant ces photos de classe, on découvre que les petits messieurs, enfants de riches ou enfants de pauvres, ont réalisé des performances familiales et sociales conformes à ces prescriptions. Ils ont tous appris un métier, quelques-uns ont fait des grandes écoles et une minorité a connu une existence difficile, parfois même tragique. Dans l'ensemble, ils ont tenu le rôle qu'on leur avait donné. Les filles aussi ont respecté les consignes et tenu la place d'un second sexe. Leur aventure sociale n'avait pas grand sens. Quand j'ai fini mes études de médecine dans les années 1965, les étudiantes qui avaient obtenu les mêmes diplômes que moi choisissaient, dans 70 % des cas, de ne pas exercer leur métier pour s'occuper de leur foyer. Aujourd'hui 10 % des jeunes femmes font ce choix.

On parle étonnamment peu d'une autre consigne qui était donnée aux petits messieurs : « Vous devez vous préparer à la guerre. » Je me souviens de professeurs d'histoire qui nous répétaient : « Les guerres sont cycliques, vous ne traverserez pas la vie sans connaître une guerre et quelques bagarres de rue. » Nous nous préparions donc à l'engagement physique dans l'armée ou dans la rue. Quelques garçons aimaient cet entraînement à la violence et même ceux qui étaient doux et bien élevés étaient fiers quand leur père les inscrivait dans un club de boxe. C'était la condition masculine.

Les filles, exemptées de cette formation, étaient plutôt soulagées de ne pas avoir à se battre physiquement, ce qui les enfonçait dans leur statut de second sexe. Aujourd'hui, quand les filles s'inscrivent en masse dans les salles de boxe et de sports de combat, elles signifient plutôt leur désir de parité (« nous aussi on est capables de boxer »), et parfois leur érotisation de la violence, même quand elles sont jolies et minces. La virilisation du premier sexe, en héroïsant les hommes, les orientait vers le pouvoir et le sacrifice, à l'armée ou au fond des mines. Au début du XXᵉ siècle, on habillait encore les petits garçons de bonne famille avec des robes de dentelles, on laissait pousser leurs cheveux pour en faire des boucles à l'anglaise qui enjolivaient leur visage. Puis, à l'âge de 7 ans, on coupait leurs cheveux, on leur donnait une culotte courte et on les mettait aux sports de combat, l'épée et la boxe française, où ils apprenaient à se battre à coups de pied. Pour endurcir les garçons, on les mettait souvent dans une pension austère et inaffective, tandis qu'on gardait les filles à la maison pour leur apprendre le plaisir de servir. Telle était la bonne éducation.

Pendant la guerre de 1914-1918, un grand nombre de morts dans les tranchées étaient des adolescents qui n'avaient pas le droit de vote – qui, à cette époque, était à 21 ans. À l'arrière, les femmes se divisaient en deux groupes, celles qui ignoraient l'impensable souffrance des hommes et continuaient à vivre le moins mal possible en faisant la fête et en tombant amoureuses[1], et celles qui allaient aux champs ou dans les usines désertées par les hommes et découvraient qu'elles étaient capables de tout faire marcher. Leur place de second sexe était-elle si naturelle que ça ? La révélation des capacités féminines a été encore plus claire après la Seconde Guerre mondiale où les hommes, pendant

---

1. Radiguet R., *Le Diable au corps*, Grasset, 1923.

leurs années de jeunesse, n'avaient rien appris, sauf à marcher au pas et à tuer le temps. Quand les prisonniers de guerre sont rentrés en 1945, ils ne savaient rien faire. Les femmes avaient géré les hôpitaux, l'enseignement, l'administration, l'agriculture et les usines où la technologie commençait à relativiser la force physique. Le droit de vote des femmes en 1944 a été une des premières reconnaissances de leur capacité à participer à la nouvelle aventure sociale. L'environnement verbal, composé de stéréotypes et de prescriptions morales, s'associe à la technologie pour modifier l'enveloppe affective qui entoure les enfants et tutorise de nouveaux développements. Vingt ans plus tard, le féminisme qui a éclaté en mai 1968 résultait d'un processus technique et culturel qui avait lentement préparé l'évolution des sexes et la conception des genres.

Sexe et surpopulation

Aujourd'hui, en Europe, les hommes vont beaucoup moins à la guerre. Les métiers du tertiaire font marcher la société, les femmes y participent avec efficacité, la violence éducative n'est plus acceptée, alors pourquoi persiste-t-il tant de souffrance chez les enfants ?

Nos progrès incontestables ont provoqué trois effets secondaires :

- la surpopulation ;
- la dilution affective ;
- la perte de sens.

Nos moyens de transport, en devenant rapides et confortables, nous font découvrir que notre planète n'est pas grande. Quand la taille d'une population augmente en un point précis du globe, ça modifie intensément l'environnement et les ressources. Nos techniciens fabriquent des écosystèmes artificiels où les routes apportent la nourriture, les canaux font couler l'eau et l'administration gouverne les rapports sociaux. Dans ce nouveau milieu, les conditions de vie sont modifiées. J'ai eu la chance d'être invité dans les merveilleuses universités du Mexique à Mexico, Monterey et Guadalajara. J'ai été charmé par la chaleur affective des universitaires, mais il fallait se lever à 5 heures du matin, monter dans une voiture à 6 heures, pour commencer les cours vers 9 heures, tant la circulation était longue dans cette mégapole de 22 millions d'habitants. Les étudiants, très élégants, lisaient les mêmes livres que nous en France, les filles n'avaient pas peur des décolletés, nous prenions les repas entre 15 et 16 heures, le doyen de l'université chantait au dessert un air de Verdi, puis nous retournions travailler jusqu'à 22 heures. Je me couchais ravi et épuisé par des rythmes adaptés à l'espace d'une mégapole autant qu'à la coutume espagnole. À Tokyo, où vivent 44 millions de personnes, les rythmes biologiques étaient mieux respectés grâce aux tapis roulants et aux transports collectifs qui rayonnent dans tous les sens.

L'explosion démographique s'est faite en un demi-siècle. En 1950, New York était la seule mégapole de plus de 10 millions d'habitants. Aujourd'hui, 28 villes dépassent ce chiffre, surtout en Asie. Au début de l'histoire de notre espèce, nous étions peu nombreux sur terre. Il y a 100 000 ans, on évalue à 1 million le nombre d'*Homo sapiens*. Nous allons bientôt atteindre les 8 milliards d'êtres humains. Avant le Néolithique, il y a 10 000 ans, la régulation des populations humaines se faisait selon les mêmes contraintes que les populations animales. Les glaciations, les réchauffements, les sécheresses et les famines stabilisaient la population humaine à 10 personnes pour 100 kilomètres carrés[1].

Avec l'apparition de l'agriculture et de l'élevage, l'espérance de vie a nettement augmenté. Mais les hommes, en créant un milieu de sédentarité et de stockage des aliments, ont favorisé les épidémies de peste et de typhus. La croissance démographique est restée lente puisque la régulation des populations se faisait par une mortalité élevée. En domestiquant la nature, en construisant des maisons et en enfermant des animaux, la civilisation néolithique inventait un milieu physique qui sculptait différemment le cerveau

---

1. Boetsch G., « Surpopulation », *in* C. Susanne, E. Rebato, B. Chiarelli (dir.), *Anthropologie biologique*, Bruxelles, De Boeck, 2003, p. 419.

des enfants, tutorisait de nouveaux développements et hiérarchisait des valeurs morales auparavant impensées, comme la possession d'une terre et la domination d'autres êtres vivants.

Un deuxième saut évolutif s'est fait au XIXe siècle, après l'impulsion de l'ère industrielle[1]. Les enfants ont cessé de mourir de toxicose dès que les biberons ont été lavés, et les femmes n'ont plus été infectées en couches dès que la prophylaxie de l'accouchement a été instaurée. L'espérance de vie, fortement augmentée, a changé la représentation de soi des femmes, qui ont pu penser : « Quand on mourait à 36 ans après treize grossesses, nous n'avions pas le temps de faire des projets, c'était notre destin. Maintenant que nous mourons plusieurs décennies après la ménopause, nous ressentons une grande injustice quand les règles sociales nous entravent. » L'invention d'un nouveau milieu, l'augmentation de l'espérance de vie a modifié l'échelle des valeurs morales. Mais un effet secondaire est apparu : en retardant la mort, les cultures de l'industrie et de la virtualité ont créé le continent des vieux et la classe des pauvres.

Le concept de surpopulation ne peut s'entendre que si l'on accepte l'idée qu'un rassemblement d'êtres vivants concentrés dans un espace s'accroît au-delà des ressources disponibles[2]. Quand sur un lieu il n'y a plus

---

[1]. Jorland G., *Une société à soigner. Hygiène et salubrité publiques en France au XIXe siècle*, Paris, Gallimard, 2010.
[2]. Boetsch G., « Surpopulation », art. cit., p. 419.

rien à manger ni à boire, quand l'accumulation des déchets crée des épidémies, il faut partir ou mourir. Dans un premier temps, la technologie a augmenté le nombre des êtres vivants sur un espace restreint sans provoquer de surpopulation. Les architectes savent empiler des logements confortables, y apporter de l'eau et de la lumière. Les urbanistes organisent les transports, les industriels fabriquent les matériaux et les administratifs légalisent la construction de ce milieu qui a fait passer le nombre des êtres humains sur terre de 1 million, il y a 100 000 ans, à 2 milliards en 1900 et bientôt à 8 milliards en 2030. Dès lors, la surexploitation des sols agricoles a entraîné de graves pénuries alimentaires, la concentration urbaine non seulement a augmenté la population, mais en plus a catégorisé des quartiers aux intérêts politiques opposés, les riches contre les pauvres, les éduqués contre les non-éduqués.

Les travaux écologiques savent évaluer le réchauffement de la planète, la pollution de l'air, l'érosion des terres, la désertification par manque d'eau, la perte de résilience des plantes qui poussent de travers et ne parviennent plus à affronter les parasites. La planète s'affaiblit alors que la population augmente. Les changements écologiques provoquent régulièrement des mouvements de population qui entraînent des guerres. Au XIIe siècle, une sécheresse immense a poussé les Mongols à chercher de l'eau vers la Chine, qui s'est défendue en renforçant la Grande Muraille. Au cours de ces invasions, la moitié de la population chinoise a disparu. Quand Cortés a débarqué en Amérique latine avec onze navires qui transportaient six cents aventuriers et seize chevaux, il a provoqué des guerres entre pays voisins[1] qui ont diffusé la variole, le typhus et la salmonellose. En quelques décennies, la population de 22 millions de personnes est tombée à 2 millions. L'Afrique subsaharienne, pillée par des siècles d'esclavagisme arabe et chrétien, a du mal à structurer une organisation de villes et de soins. Mais le poids du passé est lourd[2] et en République démocratique du Congo, aujourd'hui, l'espérance de vie des femmes ne dépasse pas 40 ans. En Europe, « au XVIIe siècle, leur espérance de vie est située aux alentours de 32 ans, ce qui explique un taux de fécondité élevé [...] avec un nombre d'enfants survivants peu élevé[3] ».

Dans de tels contextes les besoins de la population ne sont plus satisfaits par les ressources naturelles. Le couple et la famille prennent une valeur de survie et le mariage sert à maintenir une organisation sociale. Le plaisir sexuel, l'entente psychologique et l'amour ne sont que des qualités secondaires, des bonnes surprises en quelque sorte qui ne deviennent des valeurs prioritaires que dans des pays riches et en paix. Aujourd'hui

---

1. Attali J., *1492*, Paris, Fayard, 1991.
2. Charles-Nicolas A., Bowser B. (dir.), *L'Esclavage : quel impact sur la psychologie des populations*, Idem Éditions, 2018.
3. Boetsch G., « Surpopulation », art. cit., p. 421.

encore, en Inde, le mariage arrangé est plus protecteur et moral que le mariage d'amour. Dans une écologie difficile où l'on meurt jeune, le couple est contraint à la solidarité quel que soit le prix affectif. L'avortement est un crime puisqu'il vulnérabilise le groupe et rend possible sa disparition. Une femme sans enfants et un homme sans violence n'ont pas de valeur sociale. Mais, dans un contexte en paix, où le système écologique ne provoque pas de surpopulation et produit des ressources suffisantes, l'épanouissement de la personne, homme ou femme, devient une aventure prioritaire. Dans un tel contexte, l'avortement prend la signification du respect des femmes. Avant la légalisation de l'avortement (1975 en France), les femmes mouraient de septicémies, devenaient souvent stériles, honteuses et désespérées après une telle transgression. Aujourd'hui, elles maîtrisent la maternité, elles en font un moment exceptionnel de leur condition de femme et sont heureuses quand elles se sentent entourées, sécurisées par le père, la famille et la société. Ce constat permet de dire que la densité de la population attribue des significations différentes au mariage, à la sexualité, à l'enfantement et à la hiérarchie des valeurs morales.

Il faut maintenant souligner que la population constitue une stimulation qui modifie le fonctionnement biologique des individus qui composent le groupe. Chez tous les mammifères, humains ou animaux, l'appauvrissement sensoriel ne stimule plus assez le cerveau, ce qui ralentit les développements organiques et relationnels. À l'inverse, « le surpeuplement provoque un stress incessant qui, en épuisant le système hormonal, produit une chute de la population bien avant qu'un manque de nourriture soit manifesté[1] ». L'exemple qui illustre le mieux cette idée est classiquement fourni par les cerfs de l'île James (Maryland). En 1916, cinq cerfs ont été mis dans ce paradis écologique où il y avait de l'eau, de la nourriture, un climat supportable et beaucoup d'espace. En 1955, il y avait trois cents animaux en parfaite santé. Soudain, en 1958, la moitié de la population meurt alors qu'il n'y a pas d'épidémie. Dans les années suivantes, il ne restait que quatre-vingts cerfs. La seule cause de la décroissance de cette population fut attribuée à une altération des cellules de la surrénale épuisée à cause d'un stress prolongé.

Cette vieille observation a été confirmée plus tard par toute une série de publications qui ont précisé que l'hyperdensité, en stimulant trop l'organisme, provoquait un épuisement hormonal. Les femelles, en sécrétant moins d'hormones féminines, se masculinisent et les jeunes mâles ont une puberté retardée. Quelques expérimentations en laboratoire confirment que la surpopulation, même en

---

1. Eibl-Eibesfeldt I., *Éthologie. Biologie du comportement*, Paris, Naturalia et Biologica, Éditions scientifiques, 1972, p. 356.

présence de nourriture abondante, altère un organisme[1]. Une expérience appelée « la cité des rats » vient d'être remise en lumière par la catastrophe récente du coronavirus (2020). Calhoun, un éthologue, avait construit un « immeuble en bois » où une population de rats pouvait se déplacer. Dans une partie de cette grande cage, les rats dominants chassaient les rats en surnombre, ce qui régularisait la densité. Les rats repoussés se réfugiaient dans une partie de l'« immeuble », où ils se retrouvaient entassés[2]. Dans cette zone, l'éthologue a constaté que ces rats pourtant sains et bien nourris ont rapidement manifesté d'importants troubles du comportement. La présence incessante d'autres rats trop près d'eux réduisait la distance intercorporelle qui se manifeste chez tous les êtres vivants. Une simple présence trop proche empêchait les rituels d'interaction et prenait l'effet d'un stress. Les animaux, ne pouvant fuir, ne pouvaient que combattre. En quelques jours sont apparus de graves troubles du comportement. L'infanticide et le cannibalisme en furent les premières manifestations, suivies d'un arrêt de toute sexualité. Ce « naufrage comportemental » a détruit le groupe des animaux en condition de surpeuplement où chaque individu est devenu malade alors qu'il était sain et qu'il y avait suffisamment de nourriture. La variable mortifère, c'était la surpopulation.

---

1. *Ibid.*, p. 356.
2. Calhoun J. B., « Population density and social pathology », *Scient. Americ.*, 1962, 206 (2), p. 139-148.

Le modèle animal offre une hypothèse et surtout pas une extrapolation. On ne peut pas dire : « Puisque c'est vrai chez les rats, c'est donc vrai chez les humains. » Beaucoup d'autres variables interviennent, surtout symboliques. Mais, à la lumière de cette expérience, on peut se demander quel pourrait être l'effet de l'hyperdensité chez les humains. Il est habituel de constater que dans les prisons surpeuplées, la violence devient incontrôlable[1]. Quand une foule est orientée vers un objet extérieur, la violence est canalisée, mais dès que l'objet de la haine disparaît, les individus de cette foule deviennent violents entre eux[2].

Au printemps 2020, un événement inouï a renforcé cette hypothèse : l'apparition d'un coronavirus mortifère a légitimé un confinement dans un très grand nombre de pays. Deux jours plus tard, les lignes téléphoniques de protection contre la maltraitance étaient submergées, il a vite fallu en créer d'autres. La violence familiale se manifeste dans tous les milieux, mais le confinement l'a fait apparaître d'abord dans les petits logements des quartiers pauvres. Dans les favelas du Brésil et du Pérou, où j'ai eu l'occasion d'aller, il n'y a pas de restriction d'espace pour les enfants qui courent en tous sens, protégés par les adultes. La violence

---
1. Paulus P., *Prison Crowding : A Psychological Perspective*, Berlin, Springer-Verlag, 1988.
2. Freedman J. L., *Crowding and Behavior : The Psychology of High-Density Living*, San Francisco, Viking, 1975.

apparaît à l'adolescence, quand ils ne peuvent pas quitter la favela parce que, pour eux, l'intégration sociale est à peine possible. Quand l'épidémie de virus a interrompu les transports alimentaires, la violence dans les favelas est devenue une valeur adaptative, et les garçons ont fait preuve de dignité et de courage en augmentant leurs attaques dans les quartiers riches. La réduction de l'espace a déclenché en eux une agressivité sans frein, valorisée par la culture des pauvres.

Le sexe, seul dans la foule

Dans les pays qui ont accès à la modernité, les mères ne sont pas protégées. Les femmes participent à la compétition sociale avec un succès croissant, mais les dépressions périnatales sont en augmentation régulière, surtout dans les milieux en précarité sociale[1]. Or un bébé enveloppé par une mère déprimée se retrouve dans une niche sensorielle pauvre où toute information l'effraie. Et un bébé qui vit au contact d'une mère agitée par son activité sociale et sa charge familiale se retrouve dans la situation d'un organisme surstimulé, constamment en alerte[2]. Le perfectionnisme parental ne s'exprime pas de la même manière chez les mères

---
1. Dugnat M. (dir.), *Bébé attentif cherche adulte(s) attentionné(s)*, Toulouse, Érès, 2018.
2. Roskam I., Mikolajczak M., *Le Burn-out parental*, Bruxelles, De Boeck, 2018.

et chez les pères. Les mères, épuisées par leur désir de bien faire, manifestent des troubles qui désorientent les enfants. Et les pères épuisés serrent les dents et se taisent. De tels parents, hyperconsacrés à leurs enfants, ne leur offrent pas une base de sécurité. Les tout-petits s'adaptent à ce milieu stressé en devenant distants, peu expressifs, parfois exaspérés, criant au moindre stimulus et difficiles à calmer. Le plus souvent, ils deviennent ambivalents et agressent les parents « qui ont tout fait pour eux ». Ce qui est vrai, mais ce n'est pas ce dont ont besoin les enfants. Il leur faut une niche affective où plusieurs figures d'attachement se coordonnent pour les entourer, les sécuriser et les dynamiser. Or la modernité n'apporte pas aux enfants un tel environnement, puisque les deux parents constamment stressés font la course au loin.

Par bonheur, notre culture a inventé les métiers de la petite enfance où les crèches, les assistantes maternelles et les professeures de maternelle structurent une niche sensorielle moderne qui protège beaucoup d'enfants. Cette enveloppe affective et éducative est différente de celle des enfants d'hier. En 1950, le foyer parental était stable, différencié (un homme n'est pas une femme) et coordonné. Les grands-mères étaient plus rares qu'aujourd'hui et les nourrices se trouvaient dans les milieux aisés où la femme mariée était la gestionnaire d'un foyer financé et réglementé par un père. Depuis les années 1980, de nouvelles normes structurent les foyers. Les femmes ont gagné leur indépendance. Les couples non mariés, de plus en plus nombreux, parfois n'habitent plus ensemble. La plupart sont pacsés (80 %), ce qui, en cas de problème, facilite la séparation. D'ailleurs, 60 % des couples se séparent après quelques années et 60 % des enfants naissent hors mariage, surtout dans les grandes villes. En même temps, on voit apparaître des mariages tardifs où, après une longue cohabitation, les enfants s'amusent lors du mariage de leurs parents. La garde alternée qui permet aux parents de moins souffrir de la séparation dispose autour des enfants un foyer alternatif. Chaque jour, trois cent cinquante couples se séparent. La garde des enfants est accordée à la mère (73 %), au père (7 %) et à une garde alternée (17 %). Même quand les parents font l'effort de ne pas agresser l'ancien conjoint pour ne pas nuire aux enfants, les relations sont très modifiées. Les rituels changent d'une maison à l'autre, les rythmes biologiques et les routines qui donnent de bons résultats scolaires sont brisés à chaque changement. Les parents deviennent séducteurs et moins autoritaires. Certains enfants apprécient d'avoir deux maisons et d'alléger la pression parentale, mais d'autres souffrent de cette instabilité.

Aujourd'hui, en Occident, le couple ne sert plus à maintenir les structures sociales, comme dans les cultures hindoues où les mariages sont arrangés de façon à ce que l'entente des familles aide et protège les mariés. Dans notre culture, on interprète ce fait en disant que les filles sont aliénées par la culture qui les donne en mariage, en oubliant que les garçons aussi sont donnés par les parents qui souhaitent unir les familles. Ce qui fait couple dans notre culture où l'individu est une valeur prioritaire, c'est la vision du monde qui organise les projets des partenaires. Socialement ils se pacsent, et psychologiquement ils sont heureux de travailler à la réalisation d'un projet partageable. Ce contrat implicite dépend de chaque couple : certains rêvent d'une existence intellectuelle, d'autres veulent gagner beaucoup d'argent, voyager ou se distraire, et une proportion croissante aspire à une vie simple avec pas trop d'enfants, quelques animaux et une bande de copains. Tant que cette entente est respectée chacun renforce l'autre, mais dès que les projets divergent, l'idée de séparation arrive facilement.

Cette liberté gagnée, le respect du choix des jeunes, provoque paradoxalement une sexualisation des métiers et un clivage de la société. Les jeunes femmes choisissent certains métiers où leurs performances sont excellentes. Elles s'orientent beaucoup vers la psychologie où, quel que soit le pays, elles composent plus de 90 % de la population des étudiants. En médecine aussi elles s'épanouissent : 75 % des étudiantes en médecine ont réussi un bac sciences avec mention très bien. Plutôt que de se diriger vers des filières mathématiques ou technologiques, elles préfèrent aller en médecine où elles obtiennent entre 70 et 80 % des postes de cheffe de clinique. Les chiffres sont identiques chez les vétérinaires, les magistrates, les enseignantes et les infirmières où elles composent 80 % des diplômés.

L'autre effet inattendu de cet épanouissement féminin, c'est le clivage de la société. Une femme ayant acquis un haut diplôme rencontrera probablement un homme de haut diplôme. Ils partagent une même conception de l'aventure sociale et de la vie de couple, ils maîtrisent la fécondité, ils font 1,8 enfant, ils gagnent correctement leur vie, ils trouvent des crèches, ou paient sans difficulté des assistantes maternelles, car ils travaillent tous les deux, voyagent et ont beaucoup d'amis.

Le phénomène le plus surprenant, c'est le déclin de la sexualité. Le mariage a perdu sa fonction socialisante, il est devenu une entente sexuelle et affective. Les enfants n'ont plus une mission de survie, les garçons à l'usine ou à la guerre, les filles à la maison. Et l'acte sexuel lui-même n'a plus son effet sacré, qui est remplacé par la valorisation du plaisir et de l'intimité. Alors je me demande pourquoi tant de jeunes éprouvent le monde avec acrimonie. Ce mot, qui vient de la médecine, désigne le goût âcre de la bile et l'aigreur de la vie quotidienne. Ces dernières décennies ont vu surgir un rite caché, presque transgressif, où une adolescente (plus souvent qu'un garçon) se scarifie les poignets ou la face interne des cuisses puis cache ces incisions sous un bracelet ou une jupe[1]. Cet acte désigne la petite blessure qui trace sur le corps une tendance à la punition, peut-être même un désir de sacrifice ? De nombreuses cultures scarifient les joues ou le front des garçons afin qu'on voie sur leur visage leur appartenance au groupe, une signature sur un parchemin cutané où le garçon se dit prêt à renoncer à une part de lui-même pour défendre son groupe. La circoncision, en marquant l'empreinte de Dieu sur le corps des garçons, signifie qu'il accepte cette petite mutilation pour que son sexe mette au monde une âme qui servira Dieu. Depuis que les filles participent à l'aventure sociale, elles éprouvent le besoin de fournir la preuve qu'elles sont, elles aussi, capables de sacrifice. Quand elles ont le désir de s'engager socialement et la rage de ne pas y parvenir, elles s'autoagressent, elles se mutilent légèrement. C'est ainsi qu'en Israël on voit des jeunes filles se tatouer sur l'avant-bras le numéro que portait leur grand-parent à Auschwitz. Leur désir d'appartenance, leur besoin d'engagement, leur rage d'être entravées vaut bien ce sacrifice. D'autant que la souffrance possède un effet rédempteur : « Je suis prête à payer le rachat de ma faute. J'ai honte d'être heureuse quand mes aïeux ont souffert. En partageant leurs épreuves, je me rapproche d'eux. J'appartiens à cette filiation difficile et glorieuse. » Est-ce la signification

---

1. Rioult C., *Ados : scarification et guérison par l'écriture*, Paris, Odile Jacob, 2013.

des scarifications et des autopunitions que s'infligent les jeunes gens ?

L'ontogenèse, la construction de l'individu depuis l'œuf fécondé jusqu'au premier acte sexuel, est extrêmement différente de l'ontogenèse sexuelle des générations précédentes. L'écologie péricorporelle des interactions précoces est modifiée par la nouvelle manière de vivre des parents. L'écologie médiane des premières années de la vie de l'enfant est structurée aujourd'hui par des parents à la course, par des métiers de la petite enfance et par l'école maternelle précoce. L'écologie lointaine, celle des récits, attribue une nouvelle fonction au sexe, une nouvelle signification à l'enfantement. D'autres émotions, d'autres comportements tutorisent un nouveau cheminement vers l'acte sexuel.

La première fois

Vers l'âge de 13-14 ans, le feu hormonal déclenche une fringale amoureuse. Le premier amour s'éteint tout seul, sans aveu, sans contact, sans le moindre baiser, ce qui ne veut pas dire sans émotion intense. Ce n'est pas un amour platonique puisqu'il n'est pas « dégagé de toute sensualité », comme l'a dit Platon au cours de son banquet. Vers l'âge de 15 ans, le désir prend forme, on « sort » avec l'objet de sa flamme : on se parle, on se taquine parce qu'on n'ose pas dire des mots tendres, on se prend par la main, passage à l'acte intense qui signe l'acceptation du premier baiser.

Les questionnaires anonymes nous apprennent qu'aujourd'hui, en Occident, un jeune connaît son premier rapport sexuel à 17 ans et trois mois. Les garçons font leur première demande et les filles ressentent leur première ambivalence : « Je désire et j'ai peur. » Peu à peu on s'apprivoise et le premier amour qui a si bien commencé se termine mal presque toujours[1]. La famille et la société n'ont plus à donner l'autorisation d'avoir des relations sexuelles. L'adolescent, pour découvrir ce qui l'attend, se réfère aux modèles que lui propose son contexte culturel. Il évite de se représenter l'acte sexuel de ses parents, ce qui déclencherait en lui un malaise incestueux, il préfère aller au cinéma, s'isoler derrière un écran ou frimer avec les copains. Les filles font à peu près le même chemin, elles attachent moins d'importance aux écrans mais se soumettent plus aux injonctions verbales des copines : « Elle a peur... Elle n'est pas sexy... »

Le premier rapport sexuel manque de poésie. Dans les sociétés où le mariage est arrangé, la première nuit est ressentie avec une émotion intense, violente, où la pénétration est associée à la curiosité plus qu'au plaisir

---

[1]. Cyrulnik B., Delage M., Blein M.-N., Bourcet S., Dupays A., « Modification des styles d'attachement après le premier amour », *Annales médico-psychologiques*, 2007, 165 (3), p. 154-161.

quand les filles regardent comment le pénis entre en elles. Ce qui importe pour les jeunes, c'est la fête de la cérémonie qui prouve l'acceptation sociale. Jusqu'aux années 1970-1980, le premier rapport avait lieu en cachette des parents, comme une transgression avant l'autorisation religieuse et sociale. Aujourd'hui, ce sont les jeunes qui décident eux-mêmes du bon moment, du bon endroit. Les rituels de demande sont approximatifs, ils dépendent de l'expression corporelle et non plus des rituels sociaux. Quand le développement des futurs partenaires leur a permis d'acquérir une expression des émotions maîtrisée et même enjouée, la synchronisation des désirs se fait dans l'euphorie. Mais si l'un des deux a acquis la crainte de la sexualité ou même son horreur, l'interaction troublée ne synchronise plus les désirs et la première rencontre est ressentie comme une agression.

On a pu demander à des adolescents comment s'est passée leur première rencontre[1]. Presque 61 % disent que cette expérience est arrivée au bon moment et comme il fallait, 20 % disent que c'est arrivé trop tôt, qu'ils étaient mal préparés et qu'ils ne sont pas sûrs d'avoir vraiment accepté l'acte sexuel. Et les derniers 20 % disent qu'ils n'y ont pas pensé et qu'ils n'y pensent toujours pas. Ces chiffres confirment que

---

1. Moreau N., Castetbon K. *et al.*, « Le ressenti par rapport au premier rapport sexuel et la qualité de vie des adolescents », *Neurone*, 2019, 24 (10), p. 37-40.

la maturité sexuelle n'arrive pas chez tout le monde à la même date. Le désir assumé dépend des conditions développementales, biologiques et affectives bien plus que de l'âge légal du consentement (15 ans). La loi correspond à la maturité d'une petite majorité (60 %). Les autres jeunes ne sont pas prêts, ils le seront plus tard ou peut-être jamais, ils éprouvent la sexualité comme une contrainte, un devoir, ou même une agression.

Comme d'habitude, on note une asymétrie des sexes. Plus de la moitié des hommes se souviennent d'un moment heureux, alors que deux tiers des femmes éprouvent un regret que ça ne se soit pas mieux passé. En Angleterre 20 % des garçons et 40 % des filles ressentent un vif regret, et même 7 % des garçons et 22 % des filles pensent qu'ils ont été forcés, surtout quand le demandeur était plus âgé. Même quand le feu du désir existe, il n'implique pas forcément une acceptation[1]. La maturation physique du désir dépend du genre, de la structure familiale, du niveau social précaire ou élevé et de la signification que les récits culturels attribuent à la sexualité. La convergence de ces pressions environnementales sur des organismes en cours de construction peut induire le sentiment d'un bonheur sexuel durable autant que d'une horreur persistante, ou d'un changement de signification : on peut accepter avec bonheur à 17 ans et à 40 ans être horrifié d'avoir accepté.

---

1. Springora V., *Le Consentement*, Paris, Grasset, 2020.

Un tel raisonnement systémique disqualifie encore une fois les explications par une cause unique et invite plutôt à se demander comment un chiffre populationnel peut révéler une défaillance éducative sociale. Depuis quelques décennies, on voit apparaître dans certaines cultures un phénomène inattendu : la peur du sexe[1] ! Aux États-Unis, en 1991, 80 % des jeunes gens âgés de 18 ans avaient déjà eu des relations sexuelles. En 2017, au même âge, ils ne sont plus que 45 %. En Grande-Bretagne et aux Pays-Bas, l'âge du premier rapport a reculé à 18,5 ans, dans une relation entre sexes où les baisers et les flirts se font rares[2]. Mais c'est surtout au Japon que ce phénomène est fulgurant. En 2005, 30 % d'une population âgée de 34 ans n'avaient jamais connu de relation sexuelle. En 2015, ils sont 43 %. Entre 18 et 34 ans, les phrases stéréotypées qui expliquent ce déclin du sexe sont pour les garçons : « Les femmes sont effrayantes, je préfère rester avec mes copains. » Et pour les filles : « Les garçons sont dégoûtants, ils passent leur temps à regarder des films porno sur Internet. » Au Brésil et en France, j'ai souvent entendu : « C'est trop difficile de vivre avec une femme. Je me débrouille mieux tout seul. » Au Japon, ce phénomène toucherait 1 million

---

1. Kate J., « Why are young people having so little sex », *The Atlantic*, novembre 2010, cité *in Le Cercle psy*, juin-août 2019, 33, p. 20-21.
2. Lewis R. *et al.*, « Heterosexual practices among young people in Britain : Evidence from three national surveys of sexual attitudes and lifestyles », *Journal of Adolescent Health*, 2017, 61 (6), p. 694-702.

de jeunes gens âgés de 25 à 30 ans, une majorité de garçons qui, après le lycée, entament de vagues études puis lentement abandonnent. Ils se désintéressent des filles, des études, du sport et des copains pour finalement se sentir mieux, seuls dans une chambre, chez leurs parents ou en ville, avec une guitare et quelques jeux vidéo. Ce processus de repli s'observe dans les sociétés technologiques : les Japonais l'appellent *hikikomori*, les Espagnols, les Italiens, les Émirats parlent de « retrait social[1] » et les Canadiens s'inquiètent de ce décrochage énorme où des jeunes hommes, sans pathologie psychiatrique manifeste, se laissent couler dans les bras d'un fauteuil ou sur les draps du lit[2]. Ils ne sont pas agressifs, ni vraiment dépressifs, mais se dévalorisent dans la compétition sociale. « Je suis une merde..., les autres sont meilleurs que moi, leur succès m'inhibe, ils parlent mieux que moi, ils sont gais, décontractés, à leur contact je suis empoté. Je me sens mieux tout seul, il suffit que je m'isole pour ne plus ressentir cette mauvaise estime de moi[3]. » Quand la compétition les angoisse, la démission les tranquillise. La majorité de ces décrocheurs extrêmes sont des garçons inhibés par l'attente qu'on avait de

---

1. Guedj-Bourdiau M.-J., « Retrait social des jeunes : phénomène polymorphe et dominants psychopathologiques. Quelles réponses ? », *Information psychiatrique*, 2017/4, 93, p. 275-282.
2. Deslauriers J.-M., Tremblay G. *et al.*, *Regards sur les hommes et les masculinités. Comprendre et intervenir*, Québec, Presses de l'Université de Laval, 2011.
3. Saada A., Vouteau S., *En retrait du monde, je suis un hikikomori*, Paris, Pygmalion, 2018.

leurs performances contrastant avec le succès des filles. Pour eux, l'éducation paritaire a pris l'effet d'une rivalité où ils s'avouent vaincus : « Les filles sont trop bien pour moi et les garçons qui les courtisent sont trop sûrs d'eux. » Ces décrocheurs ont souvent eu une enfance heureuse, un peu trop protégée. Assez bons élèves, ils se sentent soulagés en démissionnant. Et les parents honteux et malheureux aggravent leurs angoisses quand ils veulent les aider.

Le sexe n'est plus sacré, le devoir conjugal n'est plus valorisé, et le sexe libéré « a pris une dimension hygiéniste, on le pratique parfois comme la zumba[1] ». Il est efficace contre la dépression, contre le diabète, contre les maladies cardiaques, il allonge l'espérance de vie. Cette récente physiologie du sexe est à l'opposé du mariage social où le groupe demande au couple de faire don de son corps afin de renforcer le tissu collectif. Les hommes doivent donner le résultat de leur travail et de leurs combats, et les femmes doivent offrir le produit de leur ventre à la société. Au Québec, on parle encore français parce que les prêtres entraient dans les maisons pour surveiller le ventre des femmes, afin de lutter contre la domination anglaise. En Roumanie, Ceausescu faisait vérifier les linges féminins pour que les femmes mettent au monde des ouvriers

---

1. Héril A., *Femme épanouie. Mieux dans son désir, mieux dans son plaisir*, Paris, Payot, 2016.

qui permettraient de rattraper la dette publique. Au Proche-Orient, on m'a souvent expliqué que la fertilité des musulmanes permettrait de gagner la guerre contre Israël. Quand le sexe assume une telle mission, il ampute la personnalité des deux partenaires.

Dans une culture où l'école donne accès à l'aventure sociale, les filles, très stimulées, réussissent mieux que les garçons. Elles donnent à leurs efforts le sens d'une libération ou d'une revanche contre leur ancienne condition de femmes opprimées. Le sens qu'on donne aux choses modifie la manière de les ressentir : « Ça vaut la peine de faire un effort, j'ai tout à gagner », pensent-elles. Les filles s'accrochent quand les garçons décrochent.

XX contre XY

Le déterminant biologique explique partiellement que les femmes XX sont plus stables, plus matures et se développent de manière plus équilibrée que les petits garçons[1]. Le point de départ génétique de la construction de soi est inévitable, mais il est peu déterminant puisque les chromosomes ne sont pas aussi stables qu'on le croyait et qu'ils donnent des directions développementales étonnamment différentes selon le

---

1. Strauch-Bonart L., *Les hommes sont-ils obsolètes ?*, Paris, Fayard, 2018.

contexte socioculturel. Dans la Rome ancienne où les femmes étaient esclavagisées, au Moyen Âge où elles étaient enfermées, à l'époque industrielle où elles étaient exploitées, leur qualité psychologique avait peu de valeur dans un contexte qui n'avait besoin que de force physique, de violence et de courage pour tuer de gros gibiers et pour faire la guerre. Dans une telle culture la virilité était la valeur suprême, bien supérieure à l'équilibre psychologique. Depuis que la technologie a relativisé l'importance du muscle, depuis que l'école et l'art de la relation orientent vers les postes de responsabilités, les femmes sont devenues excellentes, surtout les Asiatiques. En Chine, en Corée, au Japon, elles obtiennent comme partout les meilleurs résultats, mais c'est la culture familiale qui tutorise les développements puisque les filles de parents chinois émigrés obtiennent des résultats meilleurs que les filles de parents arabes. Ce déterminant biologique (être fille) n'est pas une qualité supérieure, mais c'est la qualité la plus adaptée aux nouvelles structures familiales et sociales, comme le proposait Darwin pour expliquer l'évolution.

Dans les sociétés modernes, le genre donnera le pouvoir aux filles : « Les femmes auront une meilleure situation que leurs conjoints[1]. » Le sexe, aujourd'hui

---

[1]. « Jérôme Fourquet : Les femmes auront demain une meilleure situation que leur conjoint », propos recueillis par A. Rosencher, *L'Express*, octobre 2019, p. 34-38.

réduit à son effet de plaisir immédiat et de tissage de lien, n'aura plus son pouvoir d'orientation sociale. La nouvelle hiérarchie ne se fera plus grâce à la force physique, la violence fondatrice ou le lignage féodal. C'est l'éducation qui hiérarchisera les sociétés. Les couples aux diplômes élevés s'organiseront de manière plus paritaire. Ils donneront l'impression d'un couple d'associés, unis et coordonnés par un projet familial et social. Le sexe aura perdu sa fonction sacrée qui le rendait transcendant, donc angoissant, pour ne garder que son effet de plaisir et d'intimité. Ces couples paisibles ressembleront aux couples de croyants qui, partageant la même conception de la vie, la même orientation morale, s'entraident, sont fidèles et ont peu de relations sexuelles[1]. Ils se différencieront des couples torrides aux merveilleux orages et des couples résignés dont le calme plat révèle que le sexe a simplement gardé une fonction de maintien du lien.

À ces couples de haut niveau scolaire, associés pour un projet d'existence, s'opposeront les couples en CDD où le « chacun pour soi » donnera juste le temps de faire un ou deux enfants que les femmes élèveront seules. Quand le merveilleux délire du premier amour se sera consumé, le désir sexuel des hommes et des femmes ne s'éteindra pas. Alors naîtra l'ère des brèves

---

1. Saroglou V. (dir.), *Psychologie de la religion. De la théorie au laboratoire*, Bruxelles, De Boeck, 2015.

rencontres pour sexe sans attachement. L'aventure d'un soir fera l'affaire. Malheur à celui qui aime, il sera blessé par une séparation précoce qui lui donnera l'impression d'être jeté après usage. Malheur à celle qui s'attache, elle sera facile à exploiter. Le désir sexuel, disjoint de la contrainte conjugale, sera facilité par les rencontres en ligne où l'intelligence artificielle remplacera la loi du père. Les algorithmes repéreront les croyances religieuses, les activités de loisir, chorale ou marche à pied, et le niveau des porte-monnaie pour assembler de nouveaux couples dont le bonheur sera paisible et sans amour. Grâce à la technologie, les moins de 25 ans feront leur première expérience, les séparés conjugaux trouveront des substituts éphémères, et les âgés mettront en place une relation amicale, sécurisante et peu sexuelle qui suffira à leurs vieux jours[1]. La machine gouvernera les cœurs, les petits salaires se présenteront au moyen d'un selfie, tandis que les gros revenus composeront une mise en scène avantageuse. On passera vite au lit, on se dira adieu sans ménagement afin d'éviter l'attachement source de souffrance et de frein social.

Qui gagnera à ces nouveaux jeux de l'amour sans hasard ? Les filles évidemment. Plus matures, plus indépendantes, maîtrisant leur désir, capables de gérer un

---

[1]. Bergström M., *Les Nouvelles Lois de l'amour. Sexualité, couple et rencontres au temps numérique*, Paris, La Découverte, 2019.

emploi du temps chargé, elles seront prêtes à payer ce prix pour leur liberté. La force physique, la violence et le courage qui permettaient aux hommes de dominer les femmes en leur offrant le fruit de leur sacrifice deviendront un scénario désuet, presque ridicule dans un contexte où la technique aplatira les sentiments. Le temps où les récits sacrés racontaient aux hommes qu'ils devaient dominer la nature, les animaux, les femmes et les enfants paraîtra aussi grotesque que l'imagerie du xixe siècle qui dépeignait un homme préhistorique portant gourdin et traînant sa femme par les cheveux.

Une solidarité féminine se mettra en place pour échanger quelques mots en pouffant de rire autour d'une table de restaurant, pour se faire quelques confidences entre copines, pour se donner quelques conseils ménagers et éducatifs, et pour organiser de petites fugues vacancières.

Comment les hommes vont-ils s'adapter à ces nouvelles femmes ? Ceux qui seront capables de jouer le même jeu scolaire, de partager la même politique existentielle, de s'occuper des enfants et de profiter des loisirs, auront des journées lourdes et connaîtront le bonheur léger d'un couple débarrassé d'une sexualité métaphysique. Ces couples éduqués, actifs et sereins composeront autour de leurs enfants une niche sensorielle sécurisante, les inscriront dans une école fréquentable, dans un quartier paisible où ils pourront à leur tour créer un foyer stable, loin de leurs parents, dans un autre pays avec un conjoint d'une autre croyance ou d'une autre couleur.

Beaucoup hommes se transformeront en bourdons, butinant de-ci, de-là, une après-midi de football, une soirée de bières entre copains, quelques aventures d'un soir et des métiers instables. Leurs femmes diront qu'elles travaillent pour prendre en charge deux enfants et un mari. Elles retrouveront par ces mots la générosité condescendante qu'exprimaient les hommes au début du XXe siècle quand ils disaient d'un air important : « J'ai une femme et trois enfants, moi, monsieur ! »

Le scénario le plus sombre sera celui des hommes qui ne sauront pas participer à cette nouvelle condition parce que dans leur enfance ils auront acquis trop de facteurs de vulnérabilité, parce qu'ils auront été dans des écoles sans joie dont ils auront décroché, parce qu'ils n'auront accès qu'à de petits boulots difficiles et mal payés. Ces hommes composeront une population de largués flottant au hasard, là où le vent les emporte. Les « pauvres Blancs » à Londres souffrent de l'épanouissement des femmes, comme ils souffrent de la réussite des Pakistanais, ces colorés venus d'ailleurs pour profiter du système social, faire de bonnes études, réaliser des films passionnants et devenir maire de la ville[1]. Alors que, eux, les Blancs de souche, ne parviennent pas à acquérir

---

1. Exemple : Sadiq Khan, fils d'un chauffeur de bus et d'une couturière pakistanais, devenu maire de Londres en 2016.

les bons diplômes qui leur auraient permis de se socialiser. C'est dans ce groupe qu'on trouve les hommes qui éprouvent de la haine pour les femmes qui « ont tout pour elles » et qui forcent les hommes à déroger, à perdre leur honneur quand ils perdent leur autorité. Un raisonnement logique voudrait qu'on admire ces enfants venus de pays en difficulté pour s'épanouir dans un pays d'accueil. Mais voilà, les êtres humains ne sont pas réductibles à un modèle mathématique, et la logique n'a pas toujours sa place en psychologie. Ces hommes qui avaient tout pour réussir pensent qu'ils ont échoué et que ce sont les colorés qui aujourd'hui gouvernent. Tout ça avec l'argent des pauvres Blancs !

« Chacune de mes réussites a été un divorce en amitié », chante la divine Barbara. Beaucoup d'enfants de pauvres pourraient dire les mêmes mots. Quand les Québécois ont voulu intégrer les Indiens, « les natifs », dans leur culture nord-américaine, ils ont repéré les bons élèves et les ont entourés. Ils ne s'attendaient pas à ce que leur réussite provoque des déchirures intrafamiliales. Les parents se sont sentis méprisés par leurs enfants qui parlaient mieux qu'eux et dont les bonnes manières les mettaient mal à l'aise[1]. De nombreux maçons musulmans ont fait des heures supplémentaires pour payer à leurs filles des études dans des collèges

---

1. Ehrensaft E., Tousignant M., « Immigration and resilience », *in* D. L. Sam, J. W. Berry (dir.), *The Cambridge Book of Acculturation Psychology*, Boston, Cambridge University Press, 2006, p. 469-483.

chrétiens et, quand elles ont réussi, les pères se sont sentis dédaignés. « Ce sentiment de perte de pouvoir et de fragilisation de leur statut pour une partie de la population masculine se traduit [...] par un vote en faveur des candidats populistes[1]. » Ces hommes amoindris croient se réparer en donnant le pouvoir à une image virile jusqu'à la caricature. Les peuples font la même chose quand ils sont humiliés et que, pour réparer leur estime d'eux-mêmes, ils s'identifient à un héros, un sauveur qui « n'a pas peur de dire à voix haute ce que les autres pensent tout bas ». La virilité, vertu valorisée dans un pays en voie de construction ou de réhabilitation après une humiliation guerrière, n'a plus aucune fonction dans un pays en paix et paraît ridicule quand on n'en a plus besoin.

Les femmes, en s'épanouissant, recherchent moins une image paternelle à l'Église ou à la maison. L'acquisition d'une force paisible les rend plus tolérantes aux sexualités différentes et à la PMA. Le sexe, ayant perdu sa fonction sociale, a fait évoluer la sensation de viol[2]. Pendant des siècles, on a éprouvé un sentiment de sexualité forcée quand deux personnes avaient une relation intime alors qu'elles étaient d'un statut social inégal. Quand une femme de haut rang avait une relation sexuelle consentie avec un paysan

---

1. « Jérôme Fourquet : Les femmes auront demain une meilleure situation que leur conjoint », art. cit., p. 36.
2. Vigarello G., *Histoire du viol. XVI-XX*^e *siècle*, Paris, Seuil, 2000.

ou un cocher, l'homme était condamné pour viol. Aujourd'hui, la connotation sociale d'un acte sexuel s'est estompée, on est surpris quand on apprend qu'une femme cultivée accepte de vivre avec un rustre. On se met en couple pour partager une existence et non plus pour se protéger du monde. Dans cette nouvelle fonction de la sexualité, l'usage de la force est un crime.

Dans une société organisée par la violence, les femmes acceptent un homme protecteur jusqu'au moment où elles pensent que cette protection est trop chère payée. Dans un contexte civilisé, elles se protègent elles-mêmes et ressentent toute relation qui se voudrait protectrice comme une tentative de domination, un abus de pouvoir violent et ridicule. La virilité vient de changer de connotation affective. Ils étaient beaux ces maréchaux d'Empire, sabre au clair, sur un cheval cabré, avec leurs brandebourgs, leurs casaques à longues manches, chargeant l'armée de la coalition étrangère. Ils étaient virils ces cow-boys à la mâchoire carrée, regard vers le couchant, jambes bien campées, le pouce derrière la ceinture à côté du holster contenant le revolver. Pourquoi font-ils sourire aujourd'hui, comme si on pensait : « Calmez-vous les gars, vous en faites trop, ça devient comique... » En deux siècles nos sentiments ont évolué depuis la virilité magnifique jusqu'à la virilité ridicule.

À l'époque napoléonienne, une utopie glorieuse orientait la société vers un grand récit qui racontait comment les soldats du peuple allaient faire triompher les idées de la Révolution française. Il fallait mettre en lumière des héros capables de donner corps à un tel récit. Les maréchaux d'Empire, les hussards de la garde ont joué ce rôle. Napoléon a répandu les idées démocratiques, fondé une nouvelle aristocratie, organisé une puissante administration, réduit les frontières de la France, ruiné l'Europe et causé la mort de millions de personnes.

Deux siècles plus tard, c'est le discours médical qui structure la pensée collective. Les hygiénistes au XIXe siècle ont transformé les conditions d'existence, l'espérance de vie des femmes a plus que doublé, la mortalité des enfants est voisine de 1 ‰. Ce réel succès alimente un discours médical abusivement explicatif qui nous raconte que les hormones déterminent des anatomies différentes donc des mondes mentaux sexués. La testostérone, hormone mâle, est sécrétée par les deux sexes, mais les hommes en produisent vingt fois plus[1]. Et voilà l'explication : si les hommes, aux jeux Olympiques, réalisent des performances nettement supérieures à celles des femmes, c'est parce qu'ils sécrètent plus de testostérone. Les femmes qui font les meilleures performances sont donc de fausses femmes qui bénéficient d'une anomalie hormonale.

---

1. Handelsman J. D. *et al.*, « Circulating testosterone as the hormonal basis of sex differences in athletic performance », *Endocr. Rev.*, 2018, 39 (5), p. 803-829.

C'est pourquoi on demande aux contrôleurs du sport de mesurer la longueur du clitoris de ces dames pour s'assurer que la gagnante n'est pas un homme masqué participant aux compétitions féminines. Les progrès des dosages ont évalué le taux excessif de testostérone de Mme Caster Semenya dont les victoires en course à pied étaient trop fréquentes. Elle fut donc condamnée à prendre un médicament, l'acétate de cyprotérone, une anti-hormone mâle qu'on donne aux hommes souffrant d'un cancer de la prostate. Jusqu'au jour où l'on a dosé un faible taux de testostérone chez des hommes hypermusclés et chez des championnes hyperféminines.

Les femmes comme les hommes ont aussitôt idéologisé les résultats biologiques qui attribuaient à l'hormone mâle l'explication de certains comportements sociaux. Mme Neelis Kroes, commissaire européenne à la Concurrence, a expliqué que l'effondrement financier de certaines banques européennes était dû à l'excès de testostérone des traders qui prenaient des risques excessifs. Et Christine Lagarde, présidente du Fonds monétaire international, a déclaré qu'elle « privilégiait les dossiers remis par des femmes afin de compenser l'excès de testostérone qui régnait à l'Assemblée ». En constatant des dosages hormonaux différents, on leur a attribué une valeur explicative absurde. En 1944, les hommes qui s'opposaient au vote des femmes en France disaient que la variation de leurs hormones risquait de les faire changer d'opinion politique au cours de chaque cycle. Les progrès réels de la biologie, à peine publiés, sont utilisés pour conforter des préjugés. Dans les années 2000, j'ai rencontré, à Barcelone, une professeure d'université, féministe radicale, qui soutenait qu'il n'y avait pas eu de femmes parmi les nazis. Ce sont des historiennes qui ont démontré que les femmes avaient été embarquées dans cette tragédie tout autant que les hommes[1]. Cette féministe catalane avait-elle le désir de démontrer que les hommes portaient le sexe du Mal ? Dans ce cas, le féminisme qui devrait être la fierté de notre société risque de se transformer en sexisme décourageant.

Quand notre aptitude neurologique à produire de la culture a inventé le Néolithique, qui aurait pu prévoir que ce progrès technique allait engendrer des épidémies, des guerres territoriales et des rapports de domination ? Quand l'industrie au XIXe siècle a provoqué une explosion de découvertes scientifiques, qui aurait pu prévoir que ce progrès allait valoriser le mariage d'amour et polluer la planète ? Quand l'école est devenue le pôle organisateur de nos sociétés, qui aurait pu prévoir que les filles en profiteraient pour lutter contre la disparité ? Chaque progrès provoque un remous culturel, une nouvelle manière de voir le monde qui organise les familles et le destin des sexes.

---

1. Kandel L. (dir.), *Féminismes et nazisme*, Paris, Odile Jacob, 2004.

La mixité a été proposée pour continuer ces progrès. Qui aurait pu prévoir qu'elle allait donner le pouvoir aux filles à l'intérieur de l'école, mais pas à l'extérieur où les garçons continuent à s'approprier l'espace ? « Les espaces-temps apparaissent comme des univers de confrontation intersexe et d'activation de stéréotypes de genre[1]. » Un homme est radicalement différent d'une femme, et les adolescents s'appliquent à créer des différences. Chacun veut se différencier de l'autre afin de s'auto-identifier, découvrir qui il est. Les couples de jumeaux élevés séparément se ressemblent encore plus que les jumeaux élevés ensemble où chacun cherche à se personnaliser en s'opposant à l'autre. Les garçons pensent : « Puisque les filles sont meilleures dans l'usage des mots, laissons-leur ce domaine. » Et les filles pensent : « Les garçons sont meilleurs que nous dans les activités physiques, qui nous intéressent moins. » Même quand les filles réalisent de bonnes performances scientifiques, elles préfèrent les métiers de la relation où elles excellent plutôt que les écoles de mathématiques (23 %) ou de technologie (3 %). La mixité qui voulait gommer les différences de genre augmente la séparation des sexes.

Chaque sexe façonne l'autre et induit des comportements auxquels la culture attribue une signification.

---

1. Ayral S., Raibaud Y., « Les garçons, la mixité et l'animation », *Agora débats/jeunesses*, 2009, 51, p. 43-58.

La simple présence d'un garçon fait naître un sentiment de féminité chez une fille qui veut le séduire ou rivaliser avec lui. La simple présence d'une fille fait prendre conscience de la masculinité chez un garçon qui ne sait pas encore en quoi consiste le fait d'être un homme. L'environnement verbal aide à cette prise de conscience en énonçant ce qu'est un sexe, quelle est sa fonction, quelles sont ses valeurs. Dès qu'un enfant devient capable de comprendre les mots, il apprend qu'un fait anatomique (avoir un zizi ou non) est orienté par les récits culturels. Un tel environnement écosystémique n'est pas analysé dans les travaux spécialisés qui, en découvrant des vérités partielles, induisent de fausses généralisations. Le fait qu'un homme sécrète vingt fois plus de testostérone qu'une femme explique son poil au menton, mais n'explique pas sa séduisante virilité ou son exaspérant virilisme[1].

Espace et psychisme

« L'environnement n'est pas un simple décor », l'impact climatique, le cadre paysager donnent forme au phénomène observé. La pression matérielle (« J'habite une ville avec de grands espaces verts ») n'est pas plus

---

[1]. Moser G., *Psychologie environnementale. Les relations homme-environnement*, Bruxelles, De Boeck, 2919, p. 12.

forte que la pression immatérielle (« J'ai honte d'habiter cette ville »). La mathématisation d'une ville n'exclut pas l'importance de sa signification. La phrase : « Dans une tour, plus on monte dans les étages, plus on se rapproche de Dieu et du patron » est aussi vraie que : « Dans une tour, plus on monte dans les étages, plus les enfants souffrent du confinement. » L'individu résulte de relations proches, médianes et lointaines qui convergent au fond de lui pour le structurer. On parle aujourd'hui d'anthroposystème[1] où, pour comprendre un phénomène, il faut solliciter des disciplines différentes. Dans une optique psycho-écologique, on peut proposer l'idée que le stress résulte d'une discordance entre l'individu et son environnement, entre son style de construction mentale et les stimulus physiques de son milieu. On m'a souvent posé la question : « Est-ce que le confinement a été une agression psychique ? » Formulée ainsi la question aimerait une réponse causalitaire, elle ne peut être que systémique. Le résultat sera bon ou mauvais selon :

– la construction du sujet avant le confinement ;
– la structure du confinement ;
– et, après le confinement, le soutien affectif et le sens qu'on donne à cette aventure.

Certaines personnes, avant le confinement, avaient acquis des facteurs de protection comme la confiance

---

1. Lévêque C., Muxart T. *et al.*, « L'anthroposystème : entité structurelle et fonctionnelle des interactions sociétés-milieux », *in* C. Lévêque, S. Van der Leeuw (dir.), *Quelles natures voulons-nous ?*, Paris, Elsevier, 2003, p. 110-129.

en soi, l'aptitude à la parole et une bonne scolarité. Ces gens-là affrontent le réel d'un espace clos et s'y adaptent sans difficulté. Ils en profitent pour lire, se reposer ou se remettre à la guitare. Quand ils pourront sortir, ils retrouveront avec plaisir leur travail et leurs amis. À l'inverse ceux qui, avant le confinement, avaient acquis des facteurs de vulnérabilité tels qu'une maltraitance familiale, une cascade de traumas, une mauvaise maîtrise du langage ou une précarité sociale, ceux-là éprouveront le confinement comme une privation de liberté, un trauma supplémentaire. Si on ne les soutient pas, ils souffriront d'un syndrome post-traumatique.

Les cosmonautes, eux, rêvent de se confiner. Après plusieurs mois de solitude dans l'atmosphère, ils reviennent sur Terre avec d'énormes atrophies car les muscles sont inutiles en apesanteur, mais leur âme est ravie d'avoir connu un événement inouï. D'autres militaires scientifiques sont envoyés en Antarctique pour faire des prélèvements[1]. On les confine dans des baraquements pour résister au froid et, après quelques semaines, ils ne supportent plus leurs collègues et s'isolent pour moins souffrir de la promiscuité, de la présence d'un autre qu'ils ressentent comme un intrus. Ces exemples illustrent comment un même

---

[1]. Clervoy P., chaire de psychiatrie militaire, Paris, Val-de-Grâce, cours de diplôme d'université, Toulon, 2014.

espace mathématique devient sécurisant pour l'un et stressant pour l'autre. Les moines aiment s'isoler, se couper du réel pour se sentir près de Dieu. Certains psychopathes, surstimulés par leur vie quotidienne, se sentent apaisés quand ils entrent en prison. À l'inverse, un grand nombre d'anxieux sont rassurés simplement en sentant une présence auprès d'eux, les personnes âgées isolées allument la radio pour entendre parler. Comment établir des causalités directes ? Ce qui vaut pour l'un, vaut le contraire pour l'autre.

Une force immatérielle joue un rôle important dans la manière de ressentir un fait : la représentation sociale. La « construction sociale de la réalité[1] » désigne comment un groupe parle d'un fait. Dans certains milieux, on entre en prison avec fierté parce que le groupe en parle comme d'une épreuve initiatique : « Quand je sortirai de prison, on me fera la fête, on sera fier de moi. » D'autres, au contraire, sont désespérés, puis ils se familiarisent avec l'espace de la cellule et des couloirs, avec les objets et les rituels qui prennent un effet engourdissant à force d'être répétés. Au moment de sortir, quand la société leur rend la liberté, ils éprouvent des angoisses terrifiantes. Pendant des années, ils ont été pris en charge, contraints sur ordre de manger, de se promener et d'éteindre la lumière.

---

1. Abric J.-C., Morin K. M., « Recherches psychosociales sur la mobilité urbaine et les voyages interurbains », *Cahiers internationaux de psychologie sociale*, 1990, 5, p. 11-13.

Quand ils retrouvent la liberté, ils ne se sentent plus capables de faire des choix et souffrent de panique anxieuse.

Le vécu de l'habitation, le sentiment du « chez soi », le *home* anglais, est une expérience vitale où l'on peut se ressourcer en se constituant un nid d'objets familiers, de photos et d'ustensiles ménagers. On s'attache à son environnement, comme on s'attache à des personnes. Certaines personnes se sentent en prison à domicile, comme les SDF, d'autres ne se sentent bien qu'à l'étranger, jamais vraiment chez soi. Les phobiques ne se sentent en sécurité que dans leur espace familier au point d'avoir peur d'en sortir. Le quartier, le village sont une extension du sentiment de *home*. C'est là qu'on rencontre ses amis, ses commerçants, son lieu de travail, ses repères d'espace et de temps. Équilibrés chez eux, ils deviennent anxieux à l'étranger.

L'apparition de mégapoles en quelques décennies (1980-2010) a provoqué une sorte d'immigration de l'intérieur quand les campagnes se sont vidées pour remplir les banlieues. Le rythme de vie, les stimulations incessantes créent une sensation d'existence intense mais les comportements sociaux ont du mal à s'adapter au surnombre et à l'anomie des grands rassemblements. L'empathie est altérée dans ces entassements humains favorisant l'insécurité qu'entraîne la dictature du nombre[1]. Les conduites hostiles s'y manifestent sans culpabilité, puisque ceux de la rue d'à côté sont des inconnus qu'on n'a pas la possibilité de familiariser. L'urbanité ne peut se tisser que si la culture locale organise des rencontres où se mettront en place les rituels d'interaction. Un projet partagé fait l'effet d'un pôle organisateur de rencontres, mais « la surdensité relative [...] entraîne des comportements d'adaptations spécifiques : presser le pas, se faufiler[2] ». Ces apprentissages comportementaux non conscients finissent par donner un style relationnel urbain très différent de celui des campagnes. Les incivilités des villes sont « assimilables aux conduites d'appropriation ou de diffusion de messages tels que le marquage d'espace par les tags et autres dégradations[3] ». Le vandalisme qui s'exprime en lacérant les banquettes de transports publics ou par la destruction des Abribus est un comportement de dégradation qui veut dire : « J'ai la rage contre cette société où je ne parviens pas à prendre une place. Je suis à l'étranger chez moi. »

Au XXe siècle, la campagne a été désertée parce qu'elle n'était plus vivante : solitude angoissante, pas d'emploi, dilution des liens. Elle se repeuple aujourd'hui

---

1. Vanin L., « Smart City. Une autre lecture de la ville », *in* B. Cyrulnik (dir.), *Une autre lecture de la ville*, Nice, Les Éditions Ovadia, 2019, p. 23.
2. Moser G., *Psychologie environnementale. Les relations homme-environnement*, Bruxelles, De Boeck, 2019, p. 145.
3. Sautkina E., Rouquette M. *et al.*, « Distinction sociale et conduites d'incivilité dans les espaces commerciaux ouverts au public », *Psicologia*, 2007, 21 (2), p. 139-157.

parce que les villes ne sont plus attractives depuis que la surdensité les a rendues bruyantes, polluées, stressantes et coûteuses. Un nouvel urbanisme s'installe à la campagne, rendu possible par le télétravail, les transports confortables et la disparition des paysans, remplacés par des agriculteurs devenus ingénieurs et entrepreneurs. Ces nouveaux émigrants de l'intérieur fuient les villes pour retrouver l'effet apaisant de la nature, à l'inverse de leurs grands-parents qui avaient fui la campagne pour découvrir l'effet stimulant des villes. L'humain transhumant existe depuis toujours[1], mais aujourd'hui il change de pâturage à chaque génération.

Quand les mots sculptent le cerveau

Ces dernières années nous avons découvert à quel point les événements de notre existence et les pressions du milieu sculptaient notre cerveau pour en faire un appareil à voir le monde. Chaque cerveau ainsi construit voit un monde différent de celui de son voisin et pourtant tout aussi vrai. Le ganglion neuronal des 20 000 cellules nerveuses d'une sangsue de mer lui fait voir un monde de sangsue de mer où les

---

1. Viard J., *Le Triomphe d'une utopie*, La Tour d'Aigues, Éditions de l'Aube, 2015, p. 383-393.

informations vitales sont l'ombre et l'humidité[1]. Pour un petit humain pas encore né, son cerveau en cours de développement va extraire de son milieu les informations nécessaires à la construction de son monde. Dans cette écologie proche, l'enveloppe sensorielle qui touche les premières cellules laisse passer les substances nutritives, les hormones et les toxiques. Le fœtus perçoit particulièrement les informations affectives composées par la saveur du liquide amniotique et les basses fréquences de la voix maternelle qui viennent vibrer contre les corpuscules tactiles de sa bouche et de ses mains.

L'écologie médiane est fournie essentiellement par l'affectivité du corps de la mère. Dès sa naissance le bébé est avide de mamelon, de lait, de chaleur et de mimiques faciales qui bâtissent un habitat sensoriel déjà familier[2].

Venu de la couche écologique lointaine, beaucoup plus tôt qu'on le croyait, un objet sensoriel s'imprègne dans la mémoire du tout-petit et participe à la sculpture de son cerveau : la parole. Dès le 4e mois après la naissance, un bébé agence les sonorités pour reconnaître un mot. Cet objet sensoriel verbal l'intéresse vivement, il en est avide et, dès que ses parents parlent, il s'oriente vers eux et

---
1. Uexküll J. von, *Mondes animaux et monde humain*, Paris, Denoël, 1965.
2. Biland C., *Ce que votre corps révèle vraiment de vous*, Paris, Odile Jacob, 2020, p. 220-225.

les regarde intensément[1]. À l'âge de 1 an, le bébé reconnaît 50 mots. À 3 ans, il entre en maternelle avec 1 000 mots et, à 5 ans, il dispose d'un dictionnaire de 10 000 mots[2]. Après cette explosion de langage (9 000 mots en deux ans), de règles de grammaire, d'exceptions à ces règles et d'acquisition de l'accent qui crée une sensation d'appartenance, l'enfant est devenu capable d'exprimer ses désirs et ses émotions avec des mots et non plus seulement avec des gestes et des cris. Il peut poser des questions et donner une forme verbale au monde qui l'impressionne. Mais quand son cerveau altéré ne peut pas aller chercher cette information ou quand son milieu est pauvre en mots, l'enfant perçoit un monde mal formé qu'il ne peut pas partager avec ses proches, ce qui altère ses relations et trouble sa socialisation.

Le processus développemental neurologique d'un enfant doit sans cesse passer des transactions avec les couches écologiques qui l'entourent. La niche sensorielle proche est un toucher, un corps-à-corps olfactif, sonore et manipulatoire qui le met en communication avec un adulte donneur de soins. En même temps, l'enfant reçoit des informations d'un mésosystème un peu plus éloigné qui s'enracine dans l'affectivité de l'adulte : tristesse, gaieté, rage ou indifférence participent au tissage

---

1. Fivaz-Depeursinge E., Corboz-Warnery A., *Le Triangle primaire*, Bruxelles, De Boeck, 2013.
2. Dehaene G., fiche de rapport à la Commission des 1 000 jours, janvier 2020.

du lien d'attachement. L'exosystème, le plus éloigné, provient du monde des représentations de l'adulte ; sa culture, ses intentions, son histoire et ses préjugés sont aussi à la source des interactions qui agissent sur le corps de l'enfant[1].

Cette attitude écosystémique nous aide à comprendre comment un être vivant accède au monde des autres[2]. J'ai un très beau chat noir aux yeux dorés. Il perçoit étonnamment bien la moindre expression de mes émotions. Quand je suis triste ou fatigué, il s'approche et vient se blottir contre moi. Quand je suis gai ou exalté, il devient vigilant, prêt à fuir ou à participer au jeu. Mon chat perçoit aussi mes intentions. Le moindre indice comportemental lui fait savoir si je veux le caresser, le nourrir ou le chasser. Il répond très vite à un signal minuscule que les humains perçoivent à peine. Mais je crois que mon chat ne peut pas comprendre que certains humains veulent lui faire du mal parce qu'il est noir. Au Moyen Âge, on pensait que sa fourrure était noire parce qu'il avait côtoyé les feux de l'Enfer. Il était donc légitime d'attraper les chats noirs, les mettre dans des sacs et les pendre à des gibets au-dessus d'un feu. Quand le sac s'ouvrait, les chats tombaient dans les flammes et s'enfuyaient dans la foule comme des torches vivantes. Mon chat noir

---

1. Hayes N., O'Toole L., Halpenny A. M., *Introducing Bronfenbrenner*, New York, Routledge, 2017, p. 143-154.
2. Hauser M., *À quoi pensent les animaux ?*, Paris, Odile Jacob, 2002.

aux yeux dorés aurait été capable de percevoir intensément l'expression de l'émotion hostile de ces hommes. Il aurait saisi comme une évidence leur intention de l'attraper. Mais aurait-il compris que ces humains lui voulaient du mal parce qu'ils pensaient qu'il était un représentant du diable ? Mon chat peut percevoir les émotions et les intentions des autres, mais il ne peut pas se représenter leurs croyances[1].

Quand les chimpanzés et les bonobos pratiquent des comportements menteurs[2], quand, voyant que les autres les regardent, ils font semblant de cacher des aliments dans un tronc d'arbre puis, ayant ainsi orienté le monde mental de leurs congénères, ils s'en vont subrepticement cacher les aliments ailleurs, on peut penser que ces grands singes ont compris qu'en agissant ainsi ils manipulent le monde mental de leurs congénères. Ces animaux, par leur scénario comportemental menteur, savent modifier le monde intime de ceux qu'ils trompent.

Les êtres humains sont capables d'orienter les représentations mentales des autres avec des comportements de menace ou de séduction, avec des symboles de décorations vraies ou fausses, et surtout avec des mots. Dès le 4ᵉ mois, l'attention d'un bébé est capturée

---
1. Duval C., Piolino P. *et al.*, « La théorie de l'esprit : aspects conceptuels, évaluations et effets de l'âge », *Revue de neuropsychologie*, 2011/1, 3, p. 41-51.
2. Waal F. de, *L'Âge de l'empathie. Leçons de la nature pour une société solidaire*, Arles, Actes Sud, 2011.

par des sonorités vocales particulières. La répétition de ces mots circuite la zone des sons sur son lobe temporal gauche, le transformant, jour après jour, en « zone du langage ». Ce qui revient à dire que parler à un bébé, c'est circuiter son lobe temporal gauche, lui faisant ainsi acquérir une facilité à reconnaître des mots pour exprimer ses émotions et agir sur le monde des autres.

Dès que ces mots venus des autres ont circuité cette zone du cerveau, le bébé devient capable d'attribuer à autrui des émotions et des intentions, comme le fait mon chat, mais aussi des croyances vraies ou fausses[1], comme ne le fait pas mon chat.

À partir d'indices sensoriels perçus, la verbalité vient de créer une aptitude à se représenter un monde impossible à percevoir. Ce qui est étonnant, c'est que ce monde virtuel peut déclencher en nous de véritables émotions. L'énoncé d'une mauvaise nouvelle accélère notre cœur, nous fait pâlir et peut même provoquer une syncope. Ce phénomène peut se décrire en termes biochimiques : la représentation de la mauvaise nouvelle provoque une giclée de corticoïdes, l'hormone du stress, qui entraîne un œdème cellulaire[2]. Les neurones du système limbique, socle cérébral des émotions et de la mémoire, gonflent, dilatant les canaux

---

1. Avis J., Harris P. L., « Belief-desire reasoning among Baka, children for a universal conception of mind », *Child Development*, 1991, 62 (3), p. 460-467.
2. Bustany P., Laurent M., Cyrulnik B., Tychey C. de, « Les déterminants neurobiologiques de la résilience », *in* C. de Tychey (dir.), *Violence subie et résilience*, Toulouse, Érès, 2015, p. 17-47.

ionophores, ce qui modifie le gradient sodium/potassium. L'hyperosmolarité alors provoquée fait éclater les cellules de ce circuit cérébral, donnant ainsi une atrophie du système limbique. En schématisant, on peut dire que la répétition d'énoncés stressants finit par provoquer une atrophie limbique qui altère la mémoire et trouble les émotions.

Une psychothérapie (l'action d'un psychisme sur un autre) pourrait donc modifier la manière dont fonctionne le cerveau. Ce qui m'étonne, c'est qu'on s'étonne de cette question. Un traumatisme, qu'il soit physique ou psychique, provoque souvent une confusion mentale. La neuro-imagerie filme un « cerveau déconnecté » qui ne parvient plus à traiter les informations[1]. Dès que le traumatisé est sécurisé, les aires préfrontales se mettent à fonctionner, alors que les médicaments agissent plutôt sur le système limbique.

Ce constat permet de dire qu'un simple acte de parole modifie la manière de ressentir le monde. Avec l'augmentation de la population âgée, on note souvent de petits accidents vasculaires du lobe temporal gauche qui provoquent des aphasies transitoires. Dès que la circulation cérébrale est rétablie, la parole revient, et les malades expliquent que, pendant les heures où leur cerveau ne parvenait plus à fabriquer des mots, ils se

---

1. Quidé Y., *État de stress post-traumatique, corrélats cérébraux, neuropsychologiques, biologiques et thérapeutiques*, doctorat d'État, université de Tours, 2013.

sentaient lourds, agglutinés à ce qu'ils percevaient, incapables de s'en détacher, de penser à autre chose : « Pour dire "bureau", je désignais du doigt », dit ce psychanalyste devenu aphasique pendant quarante-huit heures[1]. Ces aphasiques momentanés emploient alors la métaphore du cercueil de verre d'où ils peuvent voir d'autres êtres humains, mais ne peuvent plus entrer en contact avec eux. Dès que le lobe temporal se revascularise et que l'aptitude à fabriquer des mots revient, ils expriment des métaphores aériennes : « J'ai chaussé des bottes de sept lieues [...], je volais au-dessus des montagnes [...], je pensais à des choses lointaines[2]. » Nous avons tous constaté que, dans la vie quotidienne, le simple fait de ne pas trouver un mot provoque un agacement, une tension psychique qui s'apaise instantanément quand on retrouve le mot. De même, à l'étranger, on se sent empoté, emmuré dans un pot, parce qu'on ne sait pas dire les choses élémentaires. Mais dès que les mots gouleyent comme un fluide qui coule sans obstacle, on se sent léger quand on raconte notre vision du monde, les mythes et les croyances qui gouvernent notre âme[3].

Ce qui mène à l'idée qu'une représentation mentale, acquise culturellement, peut modifier le

---

1. Zlatine S., « Praxis de l'aphasie : au moment de répondre », *Ornicar, Revue du champ freudien*, juin 1985, 33, p. 65-68.
2. Didic M., Poncet M., « Démence sémantique et troubles sémantiques progressifs », *La Lettre du neurologue*, juin 1998, 3 (II), p. 115.
3. Berwick R. C., Chomsky N., *Why Only Us : Language and Evolution*, Cambridge, MIT Press, 2016.

fonctionnement cérébral. Si vous ne me croyez pas, il vous suffit d'inviter un ami musulman et de lui proposer un délicieux cochon aux navets. Si vous lui faites passer en même temps une résonance magnétique cérébrale, vous verrez qu'en plus de ses mimiques de dégoût, son cerveau « allume » la partie antérieure de l'insula, la partie antérieure de l'aire cingulaire, le cortex orbito-frontal et l'amygdale rhinencéphalique. Un simple énoncé verbal comme « ceci est du cochon » provoque instantanément la mise en fonction des corrélats neurologiques de dégoût[1]. Vous obtiendrez le même effet neurologique, si vous offrez à votre ami musulman un morceau de mouton en lui disant « ceci est du cochon ». La fausse croyance induite par vos mots aura tout autant stimulé les zones de dégoût, confirmant ainsi qu'une simple croyance agit sur le cerveau. La contagion des émotions est facile à constater quand quelqu'un vous sourit et que vous ne pouvez pas ne pas sourire en retour. Il est difficile de rester de marbre quand quelqu'un vous agresse, ce qui explique la contagion des croyances. Quand vous vivez dans un groupe qui exprime à chaque occasion, par ses mimiques et ses mots, son dégoût des clochards, il vous sera difficile de ne pas éprouver du dégoût quand vous croiserez un clochard. À l'inverse, vous éprouverez de

---

1. Fontenelle R. C., Oliveira-Souza R. de, Moll J., « The rise of moral emotions in neuropsychiatry », *Dialogues in Clinical Neurosciences*, 2015, 17 (4), p. 413.

la compassion pour les clochards si vous vivez dans un groupe qui éprouve de la compassion. Ce n'est pas le réel qui provoque votre nausée, c'est la contagion des représentations du réel[1]. Est-ce ainsi que l'on pourrait expliquer la moindre souffrance des croyants endeuillés, leur bonne résistance au stress et leur meilleure évolution quand ils souffrent d'un cancer[2] ?

La parole agit aussi sur notre mémoire et peut modifier la représentation de notre passé. Le récit de soi n'est pas le retour du passé, c'est la représentation du passé à partir d'aujourd'hui. Denis Offer a posé une cinquantaine de questions à 77 adolescents âgés en moyenne de 14 ans. Trente-quatre ans plus tard, il a retrouvé 67 de ces ex-adolescents et leur a posé les mêmes questions[3]. J'ai isolé trois réponses pour illustrer l'évolution de la représentation de soi dans son propre passé.

- *Est-ce que vous vous ennuyez à l'école ?* À l'âge de 14 ans, 28 % répondent « oui ». Mais à l'âge de 48 ans, ils sont 58 % à répondre qu'ils s'ennuyaient beaucoup.
- *Êtes-vous populaire ?* 25 % des adolescents s'estiment populaires, alors que 53 % des adultes se souviennent qu'on les aimait beaucoup.

---

1. Sperber D., *La Contagion des idées*, Paris, Odile Jacob, 1996.
2. Brown S. L., Nesser R. M. *et al.*, « Religion and emotional compensation : Results from a prospective study in widowhood », *Personality and Social Psychology Bulletin*, 2004, 30 (9), p. 1165-1174.
3. Offer D., Katz M., Howard K. I., Bennett E., « The altering of reporting experiences », *S. Am. Child Adolescent Psychiatry*, 2000, 39 (6), p. 735-742.

- *Êtes-vous humilié par les châtiments corporels ?* 82 % des jeunes se disent humiliés, ils ne sont plus que 30 % à l'âge adulte à se souvenir de cette souffrance.

La mémoire a donc évolué, comme toute mémoire saine, parce que l'existence a ajouté d'autres expériences de vie qui ont modifié la représentation du passé.

Seule la mémoire traumatique reste figée dans le passé puisque les images et les mots d'horreur ne cessent de se répéter, renforçant ainsi la mémoire du trauma. Dans la vie quotidienne, la mémoire saine est rapidement changeante. Nous avons demandé à un compère de provoquer un petit scandale verbal après le début d'un cours à l'université[1]. Il était filmé, devait dire des mots scandalisés et sortir en claquant la porte. Celui qui faisait le cours avait pour consigne de forcer sa parole pour empêcher les étudiants de parler entre eux, ce qui aurait ajouté une mémoire des mots à la mémoire des images de ce petit scandale. Un mois plus tard un questionnaire fut proposé aux cinquante étudiants. Quatre ont affirmé qu'il ne s'était rien passé, fournissant ainsi la preuve qu'après dix minutes de cours, ils étaient déjà en sommeil profond ! La plupart ont eu des souvenirs divergents sur les vêtements (pull rouge ou noir ou vert), sur les cheveux (chignon ou cheveux courts). Les mots convenus ont été mieux

---

[1]. Bertereau I., Delage M., Cyrulnik B., « Petit scandale expérimental provoqué lors d'un cours du diplôme d'université », Toulon, 2015, non publié.

retenus : « Je croyais venir à un cours d'espagnol et je me retrouve à un cours de psychologie. » Et les interprétations dépendaient des événements du contexte : « C'est un cégétiste », « C'est un supporter du Rugby Club toulonnais », « C'est un fou... ».

Nous nous sommes demandé comment le fait de parler d'un événement, en ajoutant une mémoire verbale à la mémoire des faits, pouvait modifier la représentation de ce fait. Une série de photos d'horreur puis une série de jolies photos furent montrées à deux groupes d'observateurs. Avec un premier groupe, aucun mot ne devait être prononcé, alors qu'un deuxième groupe devait commenter les photos. Un mois plus tard, le groupe muet se souvenait mieux des photos d'horreur (visage coupé, voiture écrasée), alors que le groupe qui avait commenté ces images relativisait les horreurs (coupure pas profonde, voiture réparable). « Un réseau de neurones combine l'information de l'environnement présent avec des patterns stockés dans le passé[1]. »

Une observation souvent citée a été faite avec les chauffeurs de taxi londoniens[2]. Pour préparer leur licence, ils doivent parcourir les rues de Londres. Une résonance magnétique nucléaire leur fut proposée,

---

[1]. Schacter D. L., *À la recherche de la mémoire*, Bruxelles, De Boeck Université, 1999, p. 90-91.
[2]. Maguirre E. A., Woollett K., Spiers H. J., « London taxi drivers and bus drivers : A structural MRI and neuropsychological analysis », *Hippocampus*, 2006, 16 (12), p. 1091-1101.

en début de formation, puis après trois mois de pratique, et enfin quelques années plus tard. Le résultat fut clair : après quelques mois d'entraînement aux résolutions de problèmes spatiaux, la partie postérieure de l'hippocampe (socle de la mémoire) était hypertrophiée.

Quand la même neuro-imagerie fut proposée aux chauffeurs de bus, qui n'ont pas de problèmes spatiaux à résoudre puisque leur trajet est routinisé, il n'y a eu aucun changement d'épaisseur du système limbique. C'est donc l'élaboration, le travail mental de représentation des circuits qui, en faisant travailler les neurones, les avait hypertrophiés.

Le même travail a été effectué auprès de personnes souffrant de dépression majeure[1]. Un groupe de vingt-quatre personnes très dépressives a accepté de passer une résonance magnétique nucléaire fonctionnelle avant tout traitement. Les images ont montré : une atrophie bifrontale ; une atrophie du gyrus denté (partie médiane du système limbique) ; une augmentation de fonctionnement de l'amygdale. Après trois mois de psychothérapie ces altérations avaient disparu.

Un autre groupe de déprimés majeurs a refusé toute psychothérapie : trois mois plus tard, rien n'avait changé, ni le fonctionnement cérébral, ni la souffrance psychique. C'est bien l'élaboration mentale, l'effort

---

1. Beauregard M., « Functional neuroimaging studies of the effects of psychotherapy », *Dialogues in Clinical Neurosciences*, 2014, 16 (1), p. 75-81.

d'agencer les représentations pour comprendre un événement et en faire un récit, le lent travail de l'esprit qui entraînent le sujet à ressentir les choses différemment.

Le cerveau acquiert une aptitude à percevoir plus facilement un type de monde. Mais les mots que l'on cherche pour décrire ce monde deviennent eux-mêmes des objets sensoriels qui sculptent le cerveau. Le lobe temporal gauche d'un bébé âgé de quelques mois est circuité par les mots de sa langue maternelle. En arrivant au monde, il peut entendre tous les phonèmes, ce qui constitue un fond sonore qui empêche d'entendre les mots. Il faut réduire le fond sonore pour entendre des mots. C'est pourquoi les bébés japonais, dès le 10e mois, n'entendent plus la différence entre « aire » et « aile », puisque cette différence n'existe pas dans leur langue. En revanche, lorsqu'un Japonais âgé fait un accident vasculaire de l'artère sylvienne qui nourrit le lobe temporal gauche, il devient aphasique et alexique, incapable de parler et de lire dans le système de signes occidentaux, mais il garde son aptitude à lire dans son système de signes idéographiques plus proche des images. Cette analyse prouve que ce sont bien les mots de la langue écrite qui ont circuité une zone du langage plus en arrière que celle des cerveaux occidentaux. Le cerveau est circuité par les mots parlés autant que par les mots écrits.

Une confirmation de cette idée est fournie par l'aphasie des polyglottes, quand une personne qui a passé sa vie dans plusieurs langues les oublie dans l'ordre inverse de l'apprentissage. J'ai eu l'occasion de suivre plusieurs patients qui, avec l'âge ou après un petit accident cérébral, ne savaient plus parler la langue dans laquelle ils avaient passé presque toute leur vie alors qu'ils parlaient encore, impeccablement, leur langue maternelle. « Ce phénomène pourrait indiquer que la représentation cérébrale pour le langage n'est pas le même chez l'unilingue et chez le polyglotte[1]. »

La récupération des langues ne se fait pas toujours dans l'ordre de l'apprentissage, car il faut ajouter la force du déterminant affectif qui stimule la rééducation[2]. Beaucoup de gens âgés éprouvent un étonnant plaisir à parler la langue de leur enfance, parce qu'elle crée en eux un intense sentiment d'attachement familier.

Conclusion. Nous sommes victimes de nos victoires

Nous ne pouvons pas nous développer ailleurs que là où la vie nous a fait naître. Nous sommes sculptés par la niche sensorielle des interactions sensorielles

---

[1]. Botez M. I. (dir.), *Neuropsychologie clinique et neurologie du comportement*, Montréal, Les Presses de l'Université de Montréal, 1987, p. 322.
[2]. Köpke B., Prod'homme K., « L'évaluation de l'aphasie chez le bilingue : une étude de cas », *Glossa*, 2009, 107, p. 39-50.

précoces, par la langue maternelle qui s'imprègne dans notre cerveau et par les tuteurs de développement que la société dispose autour de nous.

Mais nous avons la liberté d'agir sur les représentations qui agissent sur nous. Cette aptitude donne un grand pouvoir aux fabricants de mots, les philosophes, les romanciers et les politiciens.

Nous sommes entourés par un maillage de mille causes enchevêtrées et convergentes, en constante évolution. Pour comprendre le monde nous devons réduire les informations afin de le rendre clair. Chaque espèce, chaque individu le réduit à sa manière selon son équipement génétique, son développement et, pour les êtres humains, selon son histoire.

L'approche psycho-écologique distingue le microsystème, le mésosystème et l'exosystème[1]. Le microsystème constitue l'enveloppe proche du corps qui s'imprègne biologiquement et modifie les métabolismes. Le mésosystème, plus éloigné, est celui de la famille, du quartier et de l'école, qui tutorise les développements grâce à la force des pressions affectives. Quant à l'exosystème, celui des mots et des représentations abstraites impossibles à percevoir, il sculpte tout autant le cerveau, modifie les métabolismes et donne un pouvoir énorme à la transcendance.

---

1. Bronfenbrenner U., *The Ecology of Human Development*, Cambridgre, Harvard University Press, 1979.

Un tel regard ne peut être qu'évolutif puisque l'impact du milieu n'a pas le même effet sur un bébé, sur un adulte ou selon la construction physique et mentale d'un sujet. Ce que nous sommes aujourd'hui, ici, dans notre contexte, n'est pas ce que nous serons demain, vieillis, expérimentés et souvent blessés par l'existence. Notre corps et notre esprit modifiés par la vie devront s'adapter à un monde toujours nouveau.

Nous sommes victimes de nos victoires. Pour ne pas mourir nous avons dû domestiquer l'agriculture, élever les animaux pour les manger, et inventer le monde de l'artifice des mots et des outils. Mais, dans les élevages industriels naissent les virus et les pestes qui nous détruisent. Nous fabriquons les aliments qui nous permettent de ne plus mourir de faim, et ces aliments nous tuent de mal manger. En commandant à toutes les formes du vivant, les plantes, les cours d'eau, les animaux et les êtres humains, nous avons créé la culture de la domination qui nous écrase tous. Pour triompher de l'angoisse de la mort, nous avons construit de merveilleuses cathédrales, discours de beauté et de transcendance, mais l'affirmation de cette puissance provoque l'extermination de ceux qui ne partagent pas nos croyances. Nous avons exploré le réel pour extraire quelques segments que nous appelons « vérité scientifique », mais nous en déduisons des certitudes coupées du réel, ce qui définit le délire non psychotique. Notre succès scientifique est si grand qu'il n'est plus possible de lire toutes les publications, ce qui provoque une confusion et une aspiration aux vérités révélées.

Tout ce qui est vivant implique le changement. La mort participe à l'évolution. Ceux qui meurent sont ceux qui ont eu la chance de vivre. Quand on meurt après avoir mis au monde quelques enfants issus de nous mais un peu différents, on crée un nouvel organisme qui aura la possibilité de s'adapter à un nouvel environnement. Un corps, un psychisme, une culture qui ne changeraient pas constitueraient une structure non vivante condamnée à la répétition du même, du même, du même qui engourdirait la conscience. « C'est pourquoi les révolutions conceptuelles sont plus souvent le fait de penseurs isolés et marginaux que de détenteurs du pouvoir[1]. » Entre répétition mortifère et évolution laborieuse, l'alternative est constante, source de tension.

La victoire technologique est immense, quasi magique. Elle invente des aliments nourrissants et toxiques, des voyages extraordinaires et épuisants, des connaissances passionnantes et contradictoires, des objets performants et déshumanisés. La modernité ne protège plus les enfants. La puissance des machines a dévalorisé le corps des hommes quand la prestigieuse virilité est devenue un ridicule virilisme. Les succès de

---

1. Bourguignon A., *Histoire naturelle de l'homme*, t. II : *L'Homme fou*, Paris, PUF, 1994, p. 321.

la machinerie biologique ont changé la signification du corps des femmes qui, en ne symbolisant plus la fertilité ou la survie, sont devenues de jolis portemanteaux ou des attracteurs sexuels interdits.

Notre culture a perdu la boussole, nous naviguons à vue, bousculés par les événements, errant là où le vent nous porte. Il nous faut reprendre un cap, une nouvelle direction, car nous venons de comprendre à l'occasion de la pandémie qui vient de frapper la planète que l'homme n'est pas au-dessus de la nature, n'est pas supérieur aux animaux, il est dans la nature. La domination, qui a été une adaptation pour survivre, aujourd'hui ne produit que du malheur.

Une étoile du Berger nous indique la nouvelle direction vers l'unité de la Terre et du monde vivant. Quand je suis né, avant la Seconde Guerre mondiale, il n'y avait ni Sécurité sociale ni caisse de retraite. En cas de malheur, la seule solidarité était celle du couple et de la famille. Dans un tel contexte, le développement personnel des femmes n'était pas envisagé. Leur seul épanouissement consistait à mettre au monde trois ou quatre enfants, des garçons de préférence pour descendre à la mine et préparer la guerre, inévitable. Elles devaient « tenir bien leur mari », comme on disait à l'époque, c'est-à-dire bien s'en occuper pour qu'il puisse assumer sa fonction d'outil social et de représentant de l'État dans la famille. L'ordre régnait ainsi.

Depuis les années 1960, l'explosion des découvertes techniques et scientifiques vient d'inventer une nouvelle société où les femmes viennent de naître. Elles arrivent dans un nouveau monde où elles aspirent à connaître une aventure sociale, un accomplissement maternel et de nouvelles relations avec les hommes et les enfants.

La violence qui, pendant des millénaires, a été créatrice en détruisant ceux qui s'opposaient à sa loi n'est aujourd'hui que totale destruction. Puisque les femmes y prennent place, il faut redéfinir les hommes. Le poids, la force physique, le sacrifice au travail et à la guerre ne sont plus des valeurs héroïsables. Zola ne chante plus la bravoure des employés de bureau, Victor Hugo ne déclame plus l'épopée des demi-dieux napoléoniens et Balzac ne s'intéresse plus à la réussite des commerçants.

Le sexe lui-même est à repenser. Il a perdu son effet sacré depuis qu'il ne sert plus à mettre au monde une âme pour adorer Dieu, il n'a plus de fonction sociale depuis qu'il ne met plus au monde des garçons de préférence pour préparer la guerre ou dominer sa famille.

Le couple ne constitue plus la cellule d'un tissu social depuis qu'il se contente de signer un contrat à durée déterminée entre anatomies distinctes où l'affection devient un piège en soumettant celui ou celle qui éprouve le malheur d'aimer.

Les quelques enfants qui naîtront de ces rencontres se développeront dans des niches sensorielles où ils verront des images parentales jamais vues jusqu'à présent. Les travaux psycho-écologiques montreront des pères affectifs, des mères entreprenantes façonnés par des milieux climatiques, des relations familiales, des organisations sociales et des récits culturels jamais pensés auparavant.

Les catastrophes écologiques et sociales sont souvent l'occasion de nouvelles directions. Alors, pour en parler, prenons rendez-vous dans cinquante ans.

TABLE DES IDÉES

Quand le bonheur des perroquets s'oppose au bonheur de triompher du malheur	8
Matière du corps ou éther de l'âme ?	13
La nouvelle épiphyse philoneurologique	16
Les trois niches psycho-écologiques	22
Donner la mort pour ne pas mourir	25
Les récits d'aujourd'hui donnent à voir le passé	32
Le théâtre de la mort érotise la violence	37
La violence créatrice	48
Le cerveau sculpté par son milieu devient un appareil à voir un monde	53
Le cerveau en formation continue	60
Comment apprendre à désespérer	69
Innovations techniques et déflagrations culturelles	73
Climat et stature des êtres humains	81
Cerveau toujours nouveau	88
Géographie des sentiments	94
Guerres et propriété	101

L'amour est une révolution, l'attachement est un lien	106
Survivre n'est pas s'épanouir	118
Sexe relatif	135
Construction sociale des silhouettes sexuelles	146
Morphologies et civilisations	153
Taille des enfants et malheur maternel	160
Stature, sexe et développements	168
Société et fertilité	174
Les nouveaux parents	183
Percevoir un monde, c'est déjà l'interpréter	191
Réel, science et idéologie	200
Attachements et traditions culturelles	205
Période sensible neuroculturelle de l'adolescence	213
Socialisation sexuée	225
Sexe et surpopulation	235
Le sexe, seul dans la foule	245
La première fois	251
XX contre XY	258
Espace et psychisme	271
Quand les mots sculptent le cerveau	277
Conclusion. Nous sommes victimes de nos victoires	291

DU MÊME AUTEUR
CHEZ ODILE JACOB

France-Algérie. Résilience et réconciliation en Méditerranée (avec Boualem Sansal), 2020.
Sport et résilience (dir. avec Philippe Bouhours), 2019.
Préparer les petits à la maternelle (dir.), 2019.
La nuit, j'écrirai des soleils, 2019.
Histoire de la folie avant la psychiatrie (dir. avec Patrick Lemoine), 2018.
Psychothérapie de Dieu, 2017.
La Folle Histoire des idées folles en psychiatrie (dir. avec Patrick Lemoine), 2016.
Ivres paradis, bonheurs héroïques, 2016.
Les âmes blessées, 2014.
Résilience. De la recherche à la pratique (dir. avec Marie Anaut), 2014.
Résilience et personnes âgées (dir. avec Louis Ploton), 2014.
Sauve-toi, la vie t'appelle, 2012.
Résilience. Connaissances de base (dir. avec Gérard Jorland), 2012.
Quand un enfant se donne « la mort ». Attachement et sociétés, 2011.
Famille et résilience (dir. avec Michel Delage), 2010.
Mourir de dire. La honte, 2010.
Je me souviens…, « Poches Odile Jacob », 2010.
Autobiographie d'un épouvantail, 2008.
École et résilience (dir. avec Jean-Pierre Pourtois), 2007.
Psychanalyse et résilience (dir. avec Philippe Duval), 2006.
De chair et d'âme, 2006.
Parler d'amour au bord du gouffre, 2004.
Le Murmure des fantômes, 2003.
Les Vilains Petits Canards, 2001.

Un merveilleux malheur, 1999.
L'Ensorcellement du monde, 1997.
De l'inceste (avec Françoise Héritier et Aldo Naouri), 1994.
Les Nourritures affectives, 1993.

Cet ouvrage a été composé
en Adobe Garamond Pro
par Nord Compo
à Villeneuve-d'Ascq (Nord)

CET OUVRAGE
A ÉTÉ ACHEVÉ D'IMPRIMER
SUR ROTO-PAGE
PAR L'IMPRIMERIE FLOCH À MAYENNE
EN JANVIER 2021

N° d'édition : 7381-5411-X – N° d'impression : 97480
Dépôt légal : janvier 2021

Imprimé en France

Inscrivez-vous à notre newsletter !

Vous serez ainsi régulièrement informé(e)
de nos nouvelles parutions et de nos actualités :

https://www.odilejacob.fr/newsletter